U0515838

海上絲綢之路基本文獻叢書

咸賓録（上）

〔明〕羅曰褧 撰

文物出版社

圖書在版編目（CIP）數據

咸賓録．上／（明）羅曰褧撰．-- 北京：文物出版社，2022.7
（海上絲綢之路基本文獻叢書）
ISBN 978-7-5010-7602-4

Ⅰ．①咸… Ⅱ．①羅… Ⅲ．①亞洲－中世紀史 Ⅳ．①K303

中國版本圖書館 CIP 數據核字（2022）第 091061 號

海上絲綢之路基本文獻叢書

咸賓録（上）

撰　　者：〔明〕羅曰褧
策　　劃：盛世博閱（北京）文化有限責任公司

封面設計：鞏榮彪
責任編輯：劉永海
責任印製：張道奇

出版發行：文物出版社
社　　址：北京市東城區東直門内北小街 2 號樓
郵　　編：100007
網　　址：http://www.wenwu.com
經　　銷：新華書店
印　　刷：北京旺都印務有限公司
開　　本：787mm×1092mm　1/16
印　　張：14.875
版　　次：2022 年 7 月第 1 版
印　　次：2022 年 7 月第 1 次印刷
書　　號：ISBN 978-7-5010-7602-4
定　　價：98.00 圓

本書版權獨家所有，非經授權，不得複製翻印

總緒

海上絲綢之路，一般意義上是指從秦漢至鴉片戰争前中國與世界進行政治、經濟、文化交流的海上通道，主要分爲經由黄海、東海的海路最終抵達日本列島及朝鮮半島的東海航綫和以徐聞、合浦、廣州、泉州爲起點通往東南亞及印度洋地區的南海航綫。

在中國古代文獻中，最早、最詳細記載『海上絲綢之路』航綫的是東漢班固的《漢書·地理志》，詳細記載了西漢黄門譯長率領應募者入海『齎黄金雜繒而往』之事，書中所出現的地理記載與東南亞地區相關，并與實際的地理狀况基本相符。

東漢後，中國進入魏晋南北朝長達三百多年的分裂割據時期，絲路上的交往也走向低谷。這一時期的絲路交往，以法顯的西行最爲著名。法顯作爲從陸路西行到印度，再由海路回國的第一人，根據親身經歷所寫的《佛國記》（又稱《法顯傳》）一書，詳細介紹了古代中亞和印度、巴基斯坦、斯里蘭卡等地的歷史及風土人情，是瞭解和研究海陸絲綢之路的珍貴歷史資料。

隨着隋唐的統一，中國經濟重心的南移，中國與西方交通以海路爲主，海上絲綢之路進入大發展時期。廣州成爲唐朝最大的海外貿易中心，朝廷設立市舶司，專門管理海外貿易。唐代著名的地理學家賈耽（七三〇～八〇五年）的《皇華四達記》記載了從廣州通往阿拉伯地區的海上交通『廣州通夷道』，詳述了從廣州港出發，經越南、馬來半島、蘇門答臘半島至印度、錫蘭，直至波斯灣沿岸各國的航綫及沿途地區的方位、名稱、島礁、山川、民俗等。譯經大師義净西行求法，將沿途見聞寫成著作《大唐西域求法高僧傳》，詳細記載了海上絲綢之路的發展變化，是我們瞭解絲綢之路不可多得的第一手資料。

宋代的造船技術和航海技術顯著提高，指南針廣泛應用於航海，中國商船的遠航能力大大提升。北宋徐兢的《宣和奉使高麗圖經》詳細記述了船舶製造、海洋地理和往來航綫，是研究宋代海外交通史、中朝友好關係史、中朝經濟文化交流史的重要文獻。南宋趙汝適《諸蕃志》記載，南海有五十三個國家和地區與南宋通商貿易，形成了通往日本、高麗、東南亞、印度、波斯、阿拉伯等地的『海上絲綢之路』。宋代爲了加强商貿往來，於北宋神宗元豐三年（一〇八〇年）頒佈了中國歷史上第一部海洋貿易管理條例《廣州市舶條法》，并稱爲宋代貿易管理的制度範本。

元朝在經濟上採用重商主義政策，鼓勵海外貿易，中國與歐洲的聯繫與交往非常頻繁，其中馬可•波羅、伊本•白圖泰等歐洲旅行家來到中國，留下了大量的旅行記，記録元代海上絲綢之路的盛况。元代的汪大淵兩次出海，撰寫出《島夷志略》一書，記録了二百多個國名和地名，其中不少首次見於中國著録，涉及的地理範圍東至菲律賓群島，西至非洲。這些都反映了元朝時中西經濟文化交流的豐富内容。

明、清政府先後多次實施海禁政策，海上絲綢之路的貿易逐漸衰落。但是從明永樂三年至明宣德八年的二十八年裏，鄭和率船隊七下西洋，先後到達的國家多達三十多個，在進行經貿交流的同時，也極大地促進了中外文化的交流，這些都詳見於《西洋蕃國志》《星槎勝覽》《瀛涯勝覽》等典籍中。

關於海上絲綢之路的文獻記述，除上述官員、學者、求法或傳教高僧以及旅行者的著作外，自《漢書》之後，歷代正史大都列有《地理志》《四夷傳》《西域傳》《外國傳》《蠻夷傳》《屬國傳》等篇章，加上唐宋以來衆多的典制類文獻、地方史志文獻，集中反映了歷代王朝對於周邊部族、政權以及西方世界的認識，都是關於海上絲綢之路的原始史料性文獻。

海上絲綢之路概念的形成，經歷了一個演變的過程。十九世紀七十年代德國地理學家費迪南・馮・李希霍芬（Ferdinad Von Richthofen，一八三三～一九〇五），在其《中國：親身旅行和研究成果》第三卷中首次把輸出中國絲綢的東西陸路稱爲『絲綢之路』。有『歐洲漢學泰斗』之稱的法國漢學家沙畹（Édouard Chavannes，一八六五～一九一八），在其一九〇三年著作的《西突厥史料》中提出『絲路有海陸兩道』，蘊涵了海上絲綢之路最初提法。迄今發現最早正式提出『海上絲綢之路』一詞的是日本考古學家三杉隆敏，他在一九六七年出版《中國瓷器之旅：探索海上的絲綢之路》中首次使用『海上絲綢之路』一詞；一九七九年三杉隆敏又出版了《海上絲綢之路》一書，其立意和出發點局限在東西方之間的陶瓷貿易與交流史。

二十世紀八十年代以來，在海外交通史研究中，『海上絲綢之路』一詞逐漸成爲中外學術界廣泛接受的概念。根據姚楠等人研究，饒宗頤先生是華人中最早提出『海上絲綢之路』的人，他的《海道之絲路與昆侖舶》正式提出『海上絲路』的稱謂。選堂先生評價海上絲綢之路是外交、貿易和文化交流作用的通道。此後，大陸學者馮蔚然在一九七八年編寫的《航運史話》中，使用『海上絲綢之路』一詞，這是迄今學界查到的中國大陸最早使用『海上絲綢之路』的人，更多地限於航海活動領域的考察。一九八〇年北京大學陳炎教授提出『海上絲綢之路』研究，并於一九八一年發表《略論海上絲綢之路》一文。他對海上絲綢之路的理解超越以往，且帶有濃厚的愛國主義思想。陳炎教授之後，從事研究海上絲綢之路的學者越來越多，尤其沿海港口城市向聯合國申請海上絲綢之路非物質文化遺産活動，將海上絲綢之路研究推向新高潮。另外，國家把建設『絲綢之路經濟帶』和『二十一世紀海上絲綢之路』作爲對外發展方針，將這一學術課題提升爲國家願景的高度，使海上絲綢之路形成超越學術進入政經層面的熱潮。

與海上絲綢之路學的萬千氣象相對應，海上絲綢之路文獻的整理工作仍顯滯後，遠遠跟不上突飛猛進的研究進展。二〇一八年厦門大學、中山大學等單位聯合發起『海上絲綢之路文獻集成』專案，尚在醞釀當中。我們不揣淺陋，深入調查，廣泛搜集，將有關海上絲綢之路的原始史料文獻和研究文獻，分爲風俗物産、雜史筆記、海防海事、典章檔案等六個類别，彙編成《海上絲綢之路歷史文化叢書》，於二〇二〇年影印出版。此輯面市以來，深受各大圖書館及相關研究者好評。爲讓更多的讀者親近古籍文獻，我們遴選出前編中的菁華，彙編成《海上絲綢之路基本文獻叢書》，以單行本影印出版，以饗讀者，以期爲讀者展現出一幅幅中外經濟文化交流的精美畫卷，爲海上絲綢之路的研究提供歷史借鑒，爲『二十一世紀海上絲綢之路』倡議構想的實踐做好歷史的詮釋和注脚，從而達到『以史爲鑒』『古爲今用』的目的。

凡例

一、本編注重史料的珍稀性，從《海上絲綢之路歷史文化叢書》中遴選出菁華，擬出版百册單行本。

二、本編所選之文獻，其編纂的年代下限至一九四九年。

三、本編排序無嚴格定式，所選之文獻篇幅以二百餘頁爲宜，以便讀者閱讀使用。

四、本編所選文獻，每種前皆注明版本、著者。

五、本編文獻皆爲影印，原始文本掃描之後經過修復處理，仍存原式，少數文獻由於原始底本欠佳，略有模糊之處，不影響閱讀使用。

六、本編原始底本非一時一地之出版物，原書裝幀、開本多有不同，本書彙編之後，統一爲十六開右翻本。

目録

咸賓録（上）

咸賓録（上）

序至卷二

〔明〕羅曰褧　撰

明萬曆十九年劉一焜刻本

咸賓録序

咸賓録者録四夷之事也曷取乎一夷之事所列衆畢以承一尊而已經之以天儀陳之以地紀建之以帝制揆之以聖符而六合之尊不分四夷時叙則是録之成也厚維遜矣漢高文實為兵主攘夷之威隆于建元晉唐不戒孽芽于内宋剥而南攘肌及骨崖山之事方之永嘉天寶蔑矣爰

有大聖憤發其雄大都應昌壘于捕魚之
海莫我敢承龜食庚庚夏啓以光其三摯
之烈乎九世桑服越成順豢河湟蠢蠢是
歷小歲作韃靼志東胡之族慕容為梟代
興者耶律邠翼石晉以有河北燕州十六
陰始凝矣驅致其道金元出為兀良哈載
其忠順
帝劃三衛界之而不疑予之爵衛百而不

貳惟我實制其命降是之代利用金梶作兀良哈志鴨綠並海維朝鮮用夏變夷時維父師通道于顓閉闢于桂治以不治嵎夷攸服奄有三韓遂蒸東國作朝鮮志肅慎苦窳勇于公鬪開皇觀舞而有戎心耶律安得而虐用之爰改殺機自觀魚之後御天務面以怒戰士而東封遼遂東封宋二帝不台為世所懷亦殷鑒也

大聖起之厥貢惟弩矢作女直志倭嶮而驕以桀詐尭閩越登萊五十九城東甌之營在焉今國修先臣之勳而令富都賈豎棄其奇贏以私海市政吏駢悪驅群失職之民以為羽翼一旦引蔓安淂獨咎島夷也曰商是常琉球有焉作日本琉球志漢通西域匈奴爭車師伊吾廬國初西封亦有七衛高昌柳城是稱屬國黒麻之亂以

勤祈父而弗克遂師老財匱棄之何以示
遠人令稱漢兵若日月哉今
天子西顧而重右地安得定遠之臣無替
舊勳以北踦胡西通大夏罽賓絶遠貢其
珍獸旅獒戒爲作哈密諸屬國志西方之
聖見自由余穆王與化人神遊何異今之
言浮屠者自金人見夢于明皇老胡世容
于樂府而迦維之教靡然海隅至梁武甘

心于佛家奴唐憲屈萬乘之尊以逆枯骨則傳奕韓愈之論未為失之真君建德推波助瀾從風止燎亦有味乎其言之也我德西暢貢其嘉瑞有麟儀像君子之態作天竺默德那志騫雖鑿空而不睹崑崙河源星宿信而有徵閶風層城金母居之其華山之博乎厥土維膏厥産維饒[illegible]球于秦貢王于闐獻烏于夏驅馬于宛其餘犀

象羽毛齒革涉于流沙同于玉門觀于王會九賓祈祈有般于庭我德則可謂允懷矣作佛菻于闐三十一屬國志漢苦四姓築令居之塞充國留屯金城諸羌瓦解唐寔不競宗女再辱金城之降湯沐何為誘以近塞啖以美地薦草而責之無忘甥舅奉香火遵約束亡具甚矣我守其鍵而持其鐔蒙須其茶馬之利乎作吐蕃志南交

曰暘谷羲叔所宅
神宗赫怒命征訖與
文皇之師二十五將扶義而南新城之威
三致僞主不以此時鞭弭使之至
天子葆塞休吏士丞相襲富民之號而萬
里之外數扑數起宜其不以介鱗易冠裳之
也莫氏之亂不頓一戟非廟算何以臻茲
作安南志王者雖不治荒服而天寔全付

厥覆梯航所至悉主悉臣越裳九譯以海
波知中國之聖大邦九小邦十四貢其珍
賚三國之君去夷即華精英留于侯甸肅
有悼焉作占城三十三屬國志夜郎不知
有漢而漢兵至于境梁王戮我介使而虜
螭之師四面而集戡定于潁安集于黔二
百餘年以不震蠶都望邑屬營如内地麓
川之勣以大武而涉遠宅緬酋匪茹不以

邉簺而冦令焉亦封疆之過也作南中諸
夷志蜀之南陲滇之北際中央曰羅鬼不
合如礪
高皇謬權于幽不變信臣以全一方之命
二田交戟自遺敗滅溪剌香爐普安蜡尔
撫勦之政叅而由焉作貴南諸夷志槃瓠
之裔散于五溪滛于三江伏波而降有郴
桂之征有大藤之師其餘黎獞之族蠆蠆

與居鵃鶻與栖鳥夷獸夷以勞王師我
國家不為也作五溪三江七種夷志為卷
凡八為篇凡百有奇其山川背負長城塹
山壍谷西有崇山限蠻隔夷東南際海謹
守二汛此其大者其土物胡弓粤鑄是稱
用物東鶼西鯨南茅北黍王者之嘉祥在
焉其遐陬珍怪則百家九流稗官野史之
所自出聖不語怪而九牧之金百物而為

之備使民知神姦山澤川林不逢不若于傳載之其篆刻稽繞者觀其常防微者觀其變懷柔者觀其仁駕馭者觀其智賔貢者觀其禮文告者觀其信兵戎者觀其武此羅尚之氏眂焉成文數萬以自當于不朽之事矣録之創造歲在寔沈成在壽星在大火閼伯之辰而授之剞劂傳之博雅君子

萬曆辛卯仲夏月豫章劉一焜元丙父撰

凡例

一古今書史所載四夷最廣名亦最多如言十州則云遠者去中國百萬里言九州則云中國爲赤縣神州如此者九言五印度則云中國特印度之一是爲南贍部洲也而佛告阿難海中有三千洲正中大洲凡二千三百大國每小洲中或各二三百國若釋家所繪形容有類禽獸然者今一切不載何也葢是編爲咸賓而志非爲四夷考也故凡通貢者載之若通貢前朝而當代不通雖紀名正史之國亦且削去況諸書務爲怪異者耶諸凡四夷

異域無關貢獻者更有别録可考

一所紀四夷事有以種落者有以地者如韃靼蠕蠕回紇本皆匈奴種也故系載之至於鮮卑契丹雖得匈奴故地彊盛如之第韃靼志太多又二種出自東胡故載在兀良哈志中以便覽也此以種類載也若西域南蠻惟論其前後大槩不盡分其族類此殆以地載也

一本志所載事跡世次輒與正史不合如史紀以匈奴特淳維之後熏粥為唐虞之虜今則以為熏粥桀之子也至於契丹唐書五代史第云東胡之種

先無可考今則有男女相遇木葉山事西戎南蠻如此例者甚多蓋因正史所略故特採之稗史以補遺云

一今好古之士博覽者多獵名者亦不少讀漢以前書者多讀漢以後書者少況秦漢以前奇書秘記無慮充棟今學者稍涉左國經史諸書遂靦然自以爲博殆井蛙之見而未覩夫大海也以故本志於正史所載如匈奴突厥諸夷事余獨略之而出自他書者稍詳至於事之眞誕說之詭正非所較矣

一今通貢之國雖大明會典大一統志吾學編諸書俱列其名第世系事跡絕無可稽而風俗山川物產又太略而不詳今稍得其大槩矣亦有自古未通世系無可考者則列於各卷之末其在洪永間

一通中國者尚多但地與俗諸書罕見譯使無聞故不暇錄其名姑置之以俟異日考証云爾

一南中以下滇中國郡縣衛司之地與化外諸蠻不同乃一切置之南夷中何也蓋自滇至緬原屬雜蠻而川廣之間多為羈縻州峒今皆奉我正朔或供命納輸或聽調奉貢王化遠矣第其土人負悍

好殺天性固然稍失經畫即雲貴省城已爲可虞
況遠而軍民府衛乎又遠而緬甸木邦等司乎故
編爲西南夷二卷以彰我　國家闢地之廣而牧
守其地者毋徒尸位素餐可矣
一外國雖夷然揆厥所元則皆中國帝王及貴臣之
苗裔矣如韃靼始自夏后氏兀良哈始自高辛朝鮮
始自箕子吐蕃始自三苗諸如此者難以具述非
虛語也蓋高辛氏以前大抵人類盡若禽獸散然
無主天育異類必使中國人顯赫其地以開創之
始知君臣上下相沿至今矣惟韃靼吐蕃出自夏

桀三苗故於諸夷中最爲悍戾至於兀良哈內屬朝鮮向化未必不自其先世淳風之所遺也即此四國觀之而他國有敘爲中國裔者可無疑矣

一前引用羣書其中所載人物事跡并風俗山川物産甚多雖累牘充車不能殫紀本志於事跡惟採其重且要者於風俗惟採其各國不同者於山川物産惟採其奇異悅目者葢取什一於千百爾如必欲覩其全惟有志者閉戶下帷無辭搜閱之勞可矣然所得海內諸名公墓誌行狀有限或於人物不無所遺餘皆得於詳閱而略採之者

凡例終

目録

北虜志卷之一

兀良哈

東夷志卷之二

朝鮮

女直

日本

琉球

西夷志卷之三

哈密

赤斤蒙古　罕東　罕東左

高昌　車師　火州　晉高昌郡　唐西州

土魯番　車師　唐交河縣

魯陳　柳中

天竺　西天　五印度　身毒　伽毗黎　五天竺　烏荼

蘇摩黎　摩伽陀　詔納樸兒　斤施黎　那揭　婆黎　榜葛蘭

婆羅　師子　闍婆

撒馬兒罕　罽賓　養夷　達失干　漕國　沙鹿海牙　迭里迷　唐修鮮都督府　賽藍

西夷志卷之四

黑魯　俺都淮　八剌黑
天方　筍沖
默德那　囘囘
古里　溜山　阿丹　南巫里
白虎松兒　阿速　乞力麻兒　牒幹
黑葛達　黑婁　哈失哈力　阿哇
麻林　加異勒　敏眞誠　八答黑商
須文達那　火剌札　失剌思　納失者罕
瑣里　西洋瑣里
西夷志卷之五

吐蕃

三苗 畎夷 鬼方
西洛諸戎 羌髳 犬戎
邽冀 驪戎 伊洛戎
蠻氏 陸渾 義渠
燒當 參狼 先零
鍾羌 彡姐 效功
全無 號多 當煎
滇氏 勒姐 牢姐
姚氏 党項 宋湟州
宋鄯州 潘氏 唃氏
白蘭 烏思藏諸司衛
亦不剌

南夷志卷之六

安南

南交 秦象郡 南越
漢交趾郡 唐安南都護府
交州 曲氏 劉氏
丁氏 李氏 黎氏
莫氏

占城　越裳氏　林邑　環王

眞臘　范氏　扶南　因㩌國　徼國　范氏

憍陳如　陸眞臘　白頭國　道明國　水眞臘　西棚國

爪哇　訶陵　西王　闍婆　東王

三佛齊　舊港　渤淋

暹羅　暹國　羅斛國　東牛

柯枝　槃槃

討來思　赤土

沙哈魯　投和

百花　涯蘄　悉蘭池

答兒密　丹眉流　淡巴　狼牙修

滿剌加　五嶼

錫蘭山　忽魯謨斯　啞魯　大唄喃

小唄喃　亦思把罕　甘把里　小葛蘭

古俚班卒　呂宋　合貓里　碟里

打回　日羅夏治　賓童龍　交欄山

剌撒　彭亨　渤泥　古麻剌

蘇祿　東王　西王　峒王

南夷志卷之七

南中諸夷　滇　靡莫　哀牢　鈎町　勞浸　南詔

漢益州郡　大理　雲南諸郡
孟養議司　尋傳　驃

麓川

曲靖　漢益州　西爨　南詔
　　　大理

鶴慶　漢永昌郡　越析詔　南詔
　　　大理

金齒　哀牢　漢永昌郡　南詔
　　　大理　鹿莎　唐姚州

緬甸　八百媳婦　木邦

老撾　哀牢

播州　夜郎　漢牂牁郡　謝氏
　　　龍氏　楊氏　前蜀
　　　後蜀

黎州　筰都　漢沉黎郡　白馬氏
　　　旄牛　唐漢源郡　三土蠻

前蜀　後蜀

建昌　邛都　漢越嶲郡　勿鄧
　　　兩林　邛部

松潘　冉駹　漢汶山郡　唐松州
　　　松外蠻

南夷志卷之八

貴南　羅施鬼　南甸安氏　思州田氏
　　　思南田氏　香爐山　普安
　　　清平　黑苗　蠟爾山

羅羅　羅鬼　爨人　阿和

犵狫　花犵狫　紅犵狫　打牙犵狫
　　　剪頭犵狫　猪屎犵狫

徉獚　仲家　宋家蔡家　龍家

五溪　槃瓠　荊蠻　武陵蠻
　　　大陽蠻　彭氏　宋三溪州

宋沅州　鎮溪　宋靖州　彬桂

三江　槃瓠　岑氏　黃氏　斷藤峽　儂氏

黎人　生黎　熟黎　遐黎

蜑人　魚蜑　龍戶　獽蜑　崑崙奴　木蜑

馬人　獠人　狁人　獞人

狑人

目録終

引用諸書目録

十洲記 古本家語 聖政記 大唐統記
搜神記 武帝內傳 外傳 神異經
大明官制 草木子 異物志 海物異名記
遼疆宇圖 平番始末 朝鮮紀事 朝鮮賦
異苑 雙槐記 述異記 遊天竺記
資世通訓 南越志 涅槃經 法行經
維摩經 楞伽經 楞嚴經 五燈會元
法華經 壇經 周書異記 益州耆舊傳
紀年通譜 齊東野語 浮屠記 齊民要術
續齊諧記 酉陽雜俎 周禮注 疆域志

尚書　詩經　穆天子傳　岳陽風土記
三輔黃圖　伽藍記　輿地圖　藝文類聚
初學記　稽古錄　續稽古錄　鴻烈解
呂氏春秋　海濤志　奉天錄　嶺南異物志
文昌化書　漢雋　島夷志　吾學編
燕南錄　諸蕃志　徵吾錄　九國志
洪猷錄　大唐新語　皇明通紀　金獻備遺
手鏡　魏略　杜陽雜編　李膺蜀記
文獻通考　大明會典　北夢瑣言　大明一統志
類說　金鑰　異聞錄　奇聞錄

三國典略　帝紀　水經　文選註
江南野史　圓覺經　華嚴經　綠珠內傳
修辭指南　天全遺事　五國故事　大業雜記
皇明祖訓　史腴　太平廣記　太平御覽
虞初志　林氏野史　夷堅志　含言
事實類苑　雍錄　談苑醍醐　金薤琳琅
卮言　北遼遺事　秇林伐山　草木疏
弇州集　委宛餘編　瑣碎錄　華夷花木考
路史　幸蜀記　四夷館考　揮麈錄
建隆遺事　集事淵海　野客叢書　困學紀聞

平夷賦　白虎通　風俗通　西京雜記
贏蟲録　高氏小史　諾臯記　渡江遭變記
獨斷　華陽國志　尚書大傳　眞臘風土記
松漠記聞　隋蕃記　北邊備對　樂彥括地譜
金志　遼志　異域志　平交賦
嶺表録異　汎聞録　申鑒　異域歸忠傳
潛夫論　滇載記　古今注　益州草木記
石田雜記　汴都記　東觀漢紀　梁四公子記
明皇雜録　太和野史　備忘小抄　金人犯闕記
輿地廣記　立齋閑録　金虜節要　古今政事録

名山記　秘閣閑談　嗍廝囉傳　金華子雜編
樂府雜録　諸蕃志　宋方域志　帝王歷紀
摧兇記　蘇談　炎徼紀聞　襄陽耆舊傳
瀛涯勝覽　五虫録　北遼遺事　河圖
抱朴子　南裔志　白孔六帖　交州異物志
大戴禮　說苑　新序　青溪暇筆
國朝典故　憲章録　安南事宜　高麗圖經
博物志　續博物志　博異記　桂海虞衡志
楮記室　北平録　九朝野記　竹書紀年
吳越春秋　交趾事跡　安南奏議　玉海

駱丞集註　北征紀實　方書　冀越集
蔡中郎集　塞語　遊名山記　稗雅廣要
燉煌故事　廣韻　兩漢博聞　宣和遺事
論衡　尚論編　古雋考略　北征紀
秘閣閑談　朝野僉載　古今異苑　古今事物考
輿地紀勝　古今全韻　羅浮山志　合璧事類
北狩錄　南詔錄　國老閑談　雲南志
緬甸志　辰州志　湖廣志　貴州志
四川志　廣西志　廣東志　占城國錄
虜廷集事　東征紀行　東游記　星槎勝覽

名山記　秘閣閑談　嗰廝羅傳　金華子雜編
樂府雜録　諸蕃志　宋方域志　帝王歷紀
摧兇記　蘇談　炎徼紀聞　襄陽耆舊傳
瀛涯勝覽　五虫録　北遼遺事　河圖
抱朴子　南裔志　白孔六帖　交州異物志
大戴禮　說苑　新序　青溪暇筆
國朝典故　憲章録　安南事宜　高麗圖經
博物志　續博物志　博異記　桂海虞衡志
楮記室　北平録　九朝野記　竹書紀年
吳越春秋　交趾事跡　安南奏議　玉海

駱丞集註　北征紀實　方言　冀越集
蔡中郎集　塞語　遊名山記　埤雅廣要
燉煌故事　廣韻　兩漢博聞　宣和遺事
論衡　尚論編　古雋考略　北征紀
秘閣閑談　朝野僉載　古今異苑　古今事物考
輿地紀勝　古今全韻　羅浮山志　合璧事類
北狩錄　南詔錄　國老閑談　雲南志
緬甸志　辰州志　湖廣志　貴州志
四川志　廣西志　廣東志　占城國錄
虜廷集事　東征紀行　東游記　星槎勝覽

引用諸書目錄終

胡用外夷姓氏

北虜

獯粥　淳維　頭曼

冒頓　稽粥　軍臣

伊稚斜　烏維　詹師廬

句黎胡　且鞮侯　狐鹿姑

壺衍鞮　呼韓邪　郅支

囊知牙斯　輿　比

咸　烏達鞮　蒲奴

莫　屯屠何　於除鞬

安國　師子　檀
拔　休利　撓樓儲
於扶羅　須卜骨都侯　呼廚泉
去卑　車紐　緱王
劉淵　劉聰　劉曜
石勒　石虎　沮渠蒙遜
赫連勃勃　拓拔猗盧　骨閭
車鹿會　地粟袁　匹候跋
緼紇提　杜崘　大檀
阿那瓌　吐門　阿史那

侯斤　佗鉢　沙鉢略
邏便　處羅侯　雍虞閭
染干　步伽　泥利
始畢　處羅　頡利
突利　骨咄祿　默啜
默棘連　白眉　闕特勒
瞰欲谷　骨力裴羅　葛勒
牟羽　也速該　鐵木真
窩闊台　忽必烈　妥懽帖木兒
脫古思　坤迭木兒　愛猷識里達剌

鬼力赤　本雅失里　脫脫不花
小王子　脫思　不及兒台吉
木華黎　耶律楚材　哈只吉剳剌
阿兒禿　黑的　哈散
闊里台思　趙良弼　忻都
范文虎　楊祥　吳志斗
阮鑒　張浩　伯顏
兀良合台　徹徹都　唆都
陳仲達　劉金　張顯
忽都虎　陳奎　周達觀

史弼　高興　史高

信苴日　脫羅脫孩　李德輝

張思孝　劉繼昌　把匝剌瓦爾

達里麻　脫脫　觀音保

買禮的八剌　擴廓帖木兒　地保奴

猛可帖木兒　納速剌丁　太卜

怯烈　賀天爵　賽典赤

馬哈木　太平　阿魯台

把禿孛羅　脫歡　也先

伯顏帖木兒　鐵頸元帥　孛來瘸王子

滿魯都　癿加思蘭　火篩
亦卜剌　阿爾倫　俺答
吉囊　青台吉　把汗那吉
襖兒都司　黃台吉　扯力艮
老把都　打兒漢　土骨赤蒙古
厭越　偏何　投鹿侯
檀石槐　達和　魁頭
步度根　軻比能　乞伏國仁
禿髮烏孤　慕容廆　莫護跋
涉歸　吐谷渾　夸呂

伏允　慕容順　諾曷鉢
忠　宣超　慕容復
慕容皝　慕容雋　慕容暐
慕容冲　慕容德　慕容永
慕容超　慕容垂　慕容熙
廼阿特　罔阿　畫里昏阿
孫敖曹　窟哥　李盡忠
李懷秀　遙輦　阿保機
述律　德光　兀欲
璟　明記　隆緒

宗眞　洪春　延禧
淳　突欲　述軋
蕭翰　趙思溫　劉六符
蕭禧　蕭嗣先　蕭奉先
張琳　李處溫　左企弓
花當　把兒孫三衛

東夷
突地稽　倪屬利稽　乞乞仲象
乞四比羽　祚榮　亟普
阿古廼　保活里　烏魯

斡脊　思板　胡

龕福　楊割　阿骨打

吳乞買　守緒　承麟

粘罕　銀木割　移烈

婁宿　闍母　王樞

粘没喝　斡離不　東胜佟

董山直女　隼　衛滿

右渠　南閭　朱蒙

如栗　莫來　東明

高宫　尉仇台　遂成

伯固　伊夷模　位宫
高釗　高安　高璉
高湯　高元　建武
高藏　寶元　桓權
蓋蘇文　高延壽　高惠眞
男生　男建　男產
淨土　浮屠信誠　王建
王武　王昭　王伷
王治　王誦　王詢
王徽　王運　王楷

王瞰　王植　王顯
王禑　王昌　王瑤
王珽　金行成　崔宰
王彬　金柱　金緣
吳季南　姜仁裕　李仁人
李成桂　李芳遠　李祹
李垣　鄭集朝鮮　御天中主
天材雲尊　彥歟尊　神武天皇
卑彌呼　壹　讃
多利思比孤　孝德　天智

天父　總符　白壁

栢武　良懷　源義植

難升米　栗田　仲滿

輿能　橘免勢　奝然

寂照　誠尋　祖義

如瑶　高貴　宋素卿

內藝輿六　宗設　王直

徐海　毛海峰月本　脫歡渴剌㒔

察度　承宗　怕尼芝

思紹　尚思達　尚眞

□濤　王茂　蔡承美（琉球）

□域

仲雲　安克帖木兒　脫脫

孛羅帖木兒　母溫答力　罕慎

陝巴　拜牙（吟卩密）　闞奕

闞伯周　義成　首歸

張孟明　馬儒　麴嘉

麴堅　伯雅　文泰

智盛　智湛　麴昭

崇俗　師子王　法淵（高昌）

阿力　阿黑麻　滿速兒

牙木蘭　火者他只丁 土魯番

瓦赤剌 魯陳　烏頭勞　陰末赴

昭武順達　帖木兒　哈里 撒馬兒罕

貫霜王　月愛　屈多

尸羅逸多　沒徙曩　一不剌金 王

靄牙思丁　陳采　竺羅達

阿羅那順　盧伽逸多　那羅邇娑婆寐

薩蒲多　曼殊室利　光遠

寄怛羅　法吉祥　善稱

淨飯夫人　摩訶迦葉　寶歷菩薩
吉祥菩薩　淨光童子　月明童子
達摩天竺　賴丹　絳賔
丞德　白純　白震
蘇伐疊　阿那支　布夫畢
素稽　孝節　姞翼
羯獵相那利　孝義　纈黑失只罕
丕思亦力把力　安敦　滅力伊靈改撒
波多力　揑古倫佛菻　波斯匿王
居和　徽察莫末賦　摩訶來

外夷姓氏　八

末換　伊疾　阿蒲羅拔

摩阿來　摩拽　蒲羅牟

行勒　宰奴里阿必丁

蘇幹剌蘇門答剌　休莫霸　廣德

王畢示　尉遲屋密　伏闍信

尉遲勝　曜　李聖天

打罗陛亦少不剌金　輸棘

素月伽　韓羊皮于闐　譔罕驀德默德那

阿史那　骨咄祿頓達度

亞里祖法兒　建　成

兇題　忠　金滿城

安國　安定　裴國良

臣盤　和得　昔里馬哈剌扎覽邦

毋寡首　昧蔡　底失盤佗

那俱車鼻施　沙哈暑　麽賚

哈只哈烈　沙米的古里　亦速福牒幹

昌吉剌阿哇　殊旦麻勒蘇文達那

卜納的瑣里

西番

爰劒　忍　舞

卬	燒當	滇良
滇吾	滇岸	東吾
東號	麻奴	迷吾
號吾	滇零	零昌
狼莫	號封	雕何
姚弋仲	姚襄	姚萇
姚興	姚泓	鶻提勃悉野
樊尼	弄贊	器弩悉弄
棄隸蹜贊	乞黎蘇籠臘贊	
挲悉籠臘贊	乞力贊	可黎可足

達磨　乞黎胡　薛祿東贊

欽陵　贊婆　悉多

勃論祿　素和貴　論巖

坌達延　名悉臘　乞力徐

尚結贊　論莽羅　論集熱

尚恐熱　張義潮　潘羅支

唃厮羅　董氈　瞎氈

磨氈角　阿里骨　瞎征

隴拶　木征　李立遵

尚延心　厮鐸督　李巴全

失剌思　把沙　吐蕃

南夷

趙佗　胡　嬰齊

興　建德　呂嘉

曲顥　曲承美　劉隱

劉龔　劉玢　劉晟

劉鋹　吳權　昌濬

梁克貞　丁璉　丁璿

黎桓　龍越　龍挺

李公蘊　德政　日尊

乾德　昊旵　昭聖

陳日煚　光昺　日烜

日燇　日㷃　日熞

陳叔明　陳煓　日焜

黎季犛　胡奃　添平

簡定　陳季擴　黎利

黎琱　黎譓　黎寧

莫登庸　方瀛　福海

陳翁挺　同時敏　段悌

黎世安　阮汝亮　杜舜卿

外夷姓氏

黃晦卿　梁民獻　蔡伯樂
鄧悉　鄭惟鏟　陳眞
阮淦　阮汝桂（安南）　區連
范雄　范逸　奴文
佛　文敵　諸農
陽邁　咄　梵志
范幼　頭黎　鎮龍
諸葛地　阿答阿者　孛田補剌者吾
占巴的賴　補的　寶脫禿花（占城）
質多斯那　栴葉　混眞

混盤況　盤盤　范曼

范旃　范長　范尋

當根純　憍陳如　古龍

婆彌　忽兒那　蘇勿眞臘

悉莫　孛人之達吟　都馬板爪哇

但麻沙那　麻者巫里　陳祖義

施進三佛齊　參烈昭毘牙　謝文彬暹羅

利富多塞　鴆摩羅討來思　茶羅

娑里三文　刺丁刺者望沙百花

多須機答兒密　狠牙王　娑伽達多

佛喝思囉　阿撒多淡巴　亞烈若奈兒彭亨

耶巴乃那者錫蘭山　西利入兒速剌

拜里迷蘇剌滿剌加　向打

麻哈剌惹答饒勃泥　錫理麻諾

馬合謨沙　遐旺　麻那惹加那乃

都麻含蘇祿　哇來頓本古麻剌

西南夷

莊蹻　雍闓　孟獲

李雄　仁果　龍祐那

張樂進　細奴羅　牟苴蔦

羅晟　晟羅皮　皮羅閣

閣羅鳳　鳳伽異　異牟尋

尋閣勸　勸龍晟　勸利

豐祐　酋龍　法

鄭回　尹輔酋　段酋遷

趙隆眉　楊奇混　段義宗

鄭買嗣　仁旻　趙善政

楊干貞　段思平　段和譽

段興智　段功　段寶

段明　段眞　李紫悰

楊淵海　僧奴　阿櫨

楊苴　思倫發　刁賔玉

思任　緬檢　銀起莽

思機　思任　司歪

罕楪　曩罕弄　罕空

周賔五　倫索南中　爨瓆

震玩　弘達　歸王

蓋聘　波衡　張尋求曲靖

沙壹　九隆　扈栗

抑狼　阿必　呂凱

王伉金齒　刁攬那八百　木浪周

的立普陛拿阿廸提牙　阿提犯

不速速古里緬甸　招攬章老撾

竹王　三郎神　與

禹　俞　耻

謝龍羽　楊端　楊昭

楊延昭　克廣　貴遷

文廣　謝暹　宋化朝

楊鑑　楊洪　楊俊

楊信　楊愛　楊友播州

唐縉黎州　牧根　長貴
高定元　隗渠　苴嵩
苴驃離　苴夢衝　苴那時
阿伏　黎在　苴尅
厓韈　部庫建昌　雙會
蒙和　楊盛　楊歛
蒙羽　旺烈松潘　火濟
阿佩　普貴　阿察
阿畫　靄翠　奢香
安匀　貴榮　萬銓

宋景暘　宋欽　劉氏
田祐恭　茂安　仁智
田琛　宗鼎　富盡
韋同烈　米魯　阿溪
阿剌　車枕　阿傍
阿背　阿革　阿義
阿黎時　阿玆　阿犵
龍許保　吳黑苗　麻德盤
吳老獚　吳旦逞　田興邦貴南
盤瓠　單程　桓誕

桓暉　叔興　秦再雄
田洪贇　彭允林　文勇
儒猛　龔福全　劉福興
李斌　高仲仁　黎穩
藍友貴　彭世麒　楊禮
李仁方　龐海　劉德才
梁景聰　彭世驗　田興爵五溪
黃乾曜　武承斐　方子彈
張侯　夏永　王國良
黃少卿　少高　少度

黄昌璀　儂金勒　儂全福
阿儂　儂智高　建侯
志忠　宗旦　夏卿
儂亮　黄英桀　岑伯顔
儂大狗　岑鐸　李公主
扶賓　岑猛　邦彦
邦佐　邦相　岑璋
芝芳　盧蘇　王受
儂勝海　公丁　黄貴
韋香　三江　符護　王文滿

承閒　用賓　用休

用存　承福　仲文

仲期　陳顏　黃二娘

王賢祐黎人

外夷姓氏　終

咸賓錄北虜志卷之一

明豫章羅曰褧尚之父著

韃靼

韃靼北胡也昔三代之熏粥玁允漢之匈奴魏之蠕蠕唐之突厥宋之蒙古種類迭熾大抵皆夏后氏之苗裔也昔夏桀無道湯放之居於中野士民犇湯桀南徙千里止於不齊不齊民犇湯北徙魯魯士民復犇湯桀曰海外有人乃與其屬五百人徙北荒沙漠間桀死其子獯粥妻桀之妻隨畜遷徙因以成俗謂之匈奴古公居豳獯粥攻之遂去豳居岐山武王即

位逐戎夷涇洛之北以時入貢名曰荒服其後不知幾傳而至淳維又不知幾傳而至獫狁當周宣王時獫狁作難宣王伐之詩曰薄伐獫狁至于大原出車彭彭城彼朔方美宣王也自是部落日蕃或興或廢難以盡紀而秦昭王趙武靈王燕昭王俱拓地築城置列郡縣以距胡人及始皇興使大將蒙恬益增築之以故匈奴不敢入趙邊而單于頭曼不勝秦徙去千有餘里者幾數十年蒙恬死中國擾亂諸秦所徙適邊者皆復去用是匈奴得寬復稍度河南與中國界于故塞云後頭曼之子冒頓以鳴鏑射其父破東

胡收復故地而匈奴遂强盡服從西北諸夷而南與華夏爲敵國昔白登之圍漢高幾殆矣桓譚新論云時陳平說單于閼氏言漢有麗女將進單于閼氏踈矣閼氏遂語單于歸漢高馬孤僨之誚呂后恚馬然終冒頓之世卒從劉敬之議和親結約賴以稍安兹其計畫蓋亦得失相半者也及冒頓歿子稽粥立而中行說降匈奴教以中國虛實於是遂寇邊馬至武帝時馬邑人聶翁壹者陽爲賣馬邑城以誘單于已而單于覺之遂引兵還自是後匈奴絶和親寇邊愈甚武帝亟與邊略赫然命將候列郊甸火通甘泉衛青霍去病李廣韓安國等連年出師取河南封

狼居臨瀚海而幕南無王庭威稍振矣至于窮極武力單用天財虜雖頗折而漢之府庫虛耗士馬物故亦略相當自武帝北伐二十餘年匈奴代爲單于者曰軍臣曰伊穉斜曰烏維曰詹師廬曰句黎湖曰且鞮侯凡更六單于俱數入寇漢亦深入窮追不絕天漢初且鞮侯初立恐漢襲之廼曰漢天子我丈人行也盡歸漢使郭吉路充國等帝嘉其義遣蘇武持節與張勝常惠等送匈奴使留在漢者會緱王謀刧閼氏歸漢事發覺事引張勝勝見殺廼留武刧之降不應遂幽武大窖中天寒齧雪踰年得不死及盛熱又

以氊裘束武暴武日中武持節愈堅乃徙於海上使牧羝羝乳乃得歸皆衛律之謀也後託鴈書事歸漢人少知天熱不氊事故詳錄之且鞮矦死子狐鹿姑立死子壺鞮立是時匈奴稍罷困以故終昭帝之世希犯寇焉及宣帝即位遣將田廣明范明友趙充國常惠等出兵以護烏孫公主大破匈奴於是匈奴愈衰弱諸國羈屬者皆瓦解攻盜不能理滋欲鄉和親邊境少事矣自此三傳而呼韓邪單于立嚮化彌深會五單于爭立相攻擊不休呼韓邪遂款塞來朝漢寵以殊禮位在諸侯王上贊謁稱臣而不名畱月餘遣歸國單于自請願畱

居光祿塞下有急保漢受降城無何郅支單于呼韓邪單于俱遣使奉貢漢待呼韓邪有加元帝即位郅支怨漢擁護呼韓上書求侍子漢遣谷吉送之郅支殺吉陳湯發兵即康居誅斬郅支於是呼韓益强呼韓入朝自言願壻漢氏時有宮人王昭君者姿貌甚麗因畫工毀其容遂不得幸有怨心至是帝問後宮欲至單于者昭君喟然請行帝見而悔之乃窮案其事畫工陳敞劉白龔寬樊育毛延壽等一時伏誅雖從虜生子然志亦未嘗忘漢虜地草黃昭君卒塚草獨青而向南亦奇事也呼韓歸上書願保塞請罷邊備塞吏卒以休天子人民郎中侯應習

邊事議不可遂止凡四傳而囊知牙斯立累世來朝遣子入侍以爲常及王莽秉政因使風諭單于更名曰知莽篡位復遣使易單于故印曰新匈奴單于章單于以爲去璽言章與臣下無别大怨恨是後寇盜殺掠無忌矣莽欲立咸乃遣將大討之亦不肯内附及光武興其單于輿驕倨如初而南匈奴單于比者呼韓邪之孫囊知牙斯之子也自呼韓邪後諸子以次立知死而曰咸曰輿曰烏達鞮曰蒲奴者俱非呼韓嫡支葉已相繼嗣立矣而竟不及比以故比大憤恨而密遣漢人郭衡奉地圖求内附無何八部大人

共議立比爲呼韓邪單于以其大父嘗依漢得安故
欲襲其號於是款五原塞願永爲藩蔽扞禦北虜帝
許之詔比入居雲中匈奴之有南北自比始也而北
單于輒爲比擊破却地千里亦遣使求和親皇太子
言南北匈奴不可兩通故勿許南單于比立九年薨
弟莫立漢遣中郎將段彬弔祭幷授璽書冠服繒綵
等物其後單于薨弔祭慰賜以此爲常至鄧太后時
北虜大亂降者迭至而南單于屯屠何新立因上書
言願請漢兵幷力破北匈奴併爲一國令漢家永無
北念太后用耿秉議遂以耿秉竇憲耿夔合南匈奴

兵擊之大破北虜北單于逃亡不知所在其弟於除
鞬立爲北單于自蒲奴至於除鞬北匈奴更數單于
其名不可得而紀也南單于屯屠何立六年薨從子
安國立時谷蠡王師子强衆皆附之後遂格殺安國
而自立敖順奴初師子薨屯之子檀立薨弟拔立薨
弟休利立永和五年左部句龍王吾斯車紐等背叛
數數入寇攻沒城邑中郎將陳龜以單于休利不能
制下逼責之休利自殺龜亦坐下獄死會兜樓儲在
京師漢已先立之至是遣使送歸南庭立五年薨凡
五傳而於扶羅立即晉劉淵之祖也是時南匈奴亂

共立須卜骨都侯爲單于而於扶羅詣闕自訟會靈帝崩天下多故遂與白波賊合兵寇郡竟以不利歸國國人不受乃止河東未幾須卜單于亦死南庭遂虛以老王行國事於扶羅死弟呼廚泉立先同於扶羅被逐止河東及帝遷許乃得歸後復來朝曹操因留于鄴而遣右賢王去卑歸監其國頃之分匈奴爲五部處之內地至晉武時而左賢王劉豹之子劉淵起焉淵幼而穎異與子聰族子曜俱博涉經史膂力過人淵爲侍子在洛陽王渾王濟薦之晉以爲匈奴北部都尉五部豪傑幽冀名儒多往歸之於是稱大

單于尋稱皇帝國號曰漢亂華之胡自淵始也及淵卒而子聰立遂克京師囚執懷愍青衣行酒戎服前驅荊棘銅駝江河頓異自古夷狄作虐未有如是其熾也未幾劉氏亡而迭興者有石氏國號趙凡二世秦滅之有沮渠氏其先匈奴左沮渠也國號北涼凡二世魏滅之有赫連氏右賢王去卑之後也國號大夏凡三世魏滅之有拓拔氏漢降將李陵之後也國號元魏傳國最久茲皆以匈奴遺種丁二晉及五季之衰運蹂踐中華幾吞併矣而故匈奴之地盡屬鮮卑鮮卑東胡種也詳見兀良哈考中鮮卑衰而蠕蠕

強盛蠕蠕者以其無知狀類蟲也先是有卜骨閭者
爲拔拓猗盧騎卒坐後期當斬亡匿廣漠谿谷之間
收合逋逃得百餘人至其子車鹿會雄健始有部衆
凡三傳至地粟袁之子部分爲二長匹候跋居故地
次縕紇提別居[illegible]魏文之遯竄而縕紇提之子
杜崙兇狡有權略率其私屬襲破匹候跋恐魏之侵
奪也乃遠遯漠北侵高車破拔也稽并諸部盡有匈
奴故地自稱可汗立軍法千人爲軍軍有將百人爲
幢幢有帥先登者賜以虜獲退懦者以石擊首殺之
其法令嚴明大抵若此也驕桀寇邊元魏苦之杜崙

後魏大發兵襲擊其主大壇西竄山谷不敢南侵者
凡十主矣至阿那壞立頗復驕大而齊人單于覃爲
其謀畫遂立官號擬于中國天子後突厥酋土門破
之阿那壞自殺蠕蠕遂亡而突厥興焉突厥者兠牟
也以兠牟名國明其出於兵也相傳其國先於西海
之上鄰國滅之殺無醮類惟小兒未殺乃刖足斷臂
棄大澤中有牝狼銜肉養之遂得不死及壯乃與狼
交狼因負之居於高昌西北洞穴中得平壤茂艸地
方二百餘里後狼生十男各自爲一姓阿史那最賢
遂爲君長故突厥旗纛上建金狼頭示不忘本也世

屬蠕蠕傳至吐門始滅蠕蠕稱可汗焉吐門卒而其子俟斤立俟斤卒而其弟佗鉢立二人者俱勇而多智威服諸國地廣數十萬里控弦數十萬中國憚之周齊爭結姻好傾府庫事之弗辭也及沙鉢略立其妻乃宇文氏女自傷宗族滅絶陰有報隋之志輒言之沙鉢略以故大寇隋邊隋文帝怒乃詔河間王弘高熲虞慶則竇榮等出塞擊之沙鉢略敗去沙鉢略與西突厥有隙西突厥者俟斤之子邏便封地突厥之分西北自此始也二突厥相攻擊不休各遣使詣闕求和請援隋遣虞慶則往焉初沙鉢略稱病不能

起拜慶則踰之禮稍屈還表稱臣隋帝大悅賞賚有加沙鉢略卒弟處羅侯子雍虞閭相繼嗣立而突利可汗染干者亦沙鉢略之子也居北方與雍虞閭有隙隋和解之尋遣使求婚隋妻以宗女義安公主欲離間北狄故特厚其禮染干以尚主故南徙度斤舊鎮賜賚優厚雍虞閭怒曰我大可汗也反不如染干於是朝貢遂絕數爲邊患舉兵攻染干染干來奔隋拜染干爲意利珍豆啓人可汗而於朔方築大利城居馬部落歸者甚衆是時雍虞閭死步迦自立尋亦大亂西突厥泥利可汗爲鐵勒所敗奚霫五部内徙

啓人并有其衆勢滋强盛煬帝幸榆林啓人朝帝大喜作詩曰呼韓稽顙至屠耆接踵來何如漢天子空上單于臺禮賜啓人益厚啓人卒其子始畢可汗立以隋誘殺其謀臣怨恨不朝且舉兵入寇圍隋帝於雁門援至引去是時隋亂始畢遂臣服西域而薛舉竇建德王世充劉武李軌高開道之徒雖僭尊號亦北面臣之勢凌中夏盛於啓人時矣始畢卒其弟處羅可汗立未幾而卒義成公主廢其子而立處羅之弟吐苾是爲頡利可汗又立始畢之子什鉢苾是爲突利可汗頡利承父兄之藉兵騎强衆有憑凌中夏

之志會唐高祖初定太原未遑外略每優容之贈賚不貲頡利愈驕大舉入寇尋乃貢魚膠詒云膠固二國之好也時李大恩擊虜敗沒唐帝大怒遣太子建成秦王世民出兩道擊之頡利聞秦王威名引去無何頡利突利合舉入寇秦王拒之乃馳騎與頡利語復馳騎與突利語縱反間二虜因自相猜懼遣使請和然而頡利鈔掠如故也貞觀初突利討薛延陀回訖拔野古諸部敗歸頡利怒因之十日突利怨望遂擁衆來奔唐遣李靖擊破頡利生擒以俘斬獲無算漠南遂空至乎永淳之間突厥骨咄祿復興骨咄祿

者頡利之疏屬也先從頡利歸唐後鳩種人剽掠九姓羊馬遂致蕃庶自稱可汗數寇邊焉唐遣將崔智辯淳于處平蒲莫黑齒常之爨寶璧等率兵討之俱弗克頃之骨咄祿死而其弟默綴更强勇攻破契丹兵衆漸盛初遣使來朝武則天冊封之默綴表請爲武后子并請和親又請突厥降戶及單于都護府之地索農器種子武后皆從之而以武延秀聘其女爲妃默啜怒其非唐天子子也於是入寇郡縣焚廬舍掠財畜殺戮大慘唐將沙吒忠義李多祚霍獻可吉頊等皆顧望不敢戰獨狄仁傑以兵追之不及默啜

虜勝輕中國有驕志大抵兵與頡利時畧等地縱廣萬里諸蕃悉往聽命至玄宗時默啜年老昏暴部落怨畔來降者甚夥頃之默啜討九姓拔野古野古大敗默啜輕歸不爲備道大林中拔野古殘衆突出擊默啜斬之乃與入蕃使郝靈佺傳首京師而骨咄祿之子闕特勤殺默啜子及諸弟并所親信立左賢王默棘連爲毗伽可汗即番所稱小殺是也更召衛官暾欲谷爲謀主是時小殺仁而愛人衆爲之用闕特勤驍武善戰所向無前暾欲谷深沈有謀老而益壯三虜協心動無遺策威名大振諸番畏焉寇掠涼州

官軍大敗唐遣裴光庭往諭之於是連年遣使入朝吐蕃以書約同寇邊小殺不從封上其書帝嘉之詔朔方西受降城許互市歲賜帛數十萬小殺久自此四傳可汗俱爲臣下所殺而白眉可汗立是時回紇可汗骨力裴羅者殺白眉併有其地突厥遂亡而回紇益盛矣裴羅久其後葛勒可汗從廣平王俶郭子儀等滅慶緒收復東京牟羽可汗從藥子昂僕固懷恩等滅史朝義悉平河北皆回紇之力也然放兵剽掠焚祠恣殺戮亦相當唐累世妻以公主而其猖獗自如也至唐末五代之際回鶻役屬吐蕃突厥微弱

而契丹據有其地契丹東胡種也語具兀良哈志中至宋時而蒙古鐵木眞起焉蒙古者北虜韃靼之小部落也鐵木眞世爲蒙古部長至其父也速該始强盛征塔塔兒部獲其部長鐵木眞適元太祖生手握凝血如赤也速該異之因以所獲鐵木眞名之志武功也也速該死鐵木眞立威望隆重諸部皆降遂即位於斡難河稱帝號焉木眞深沈有大略用兵如神平西夏定西域拓地甚廣選舉刑賦綽有華風大抵其臣木華黎耶律楚材之力也鐵木眞卒子窩闊台立是爲太宗遣使至宋議幷力攻金許成功後以河

南地歸宋宋遂遣孟珙帥兵會元師蔡州共擊金金亡獨許割陳蔡爲界而河南之議遂寢宋大恚焉而宋臣趙范趙葵者孱而寡謀乃首建收復三京之議及一遇元師未戰先逃構怨挑禍自此階矣後三傳而忽必烈立元世祖改號曰元英明雄武過於定憲二宗值宋理度之世荒淫無度而權奸賈似道怙寵賣國陰已乞和而反僞爲獻捷自[illegible]郡縣日危月削如火消膏雖有李廷芝陸秀夫張世傑文天祥之輩攄忠效義無計保全及恭帝蒙塵而益王昰廣王昺相繼即位寄身海島勢莫能支崖山之沉千

古聞之殞涕濟濟良臣如姜才李廷芝之憤罵而死張世傑之瓣香祝天而死陸秀夫之抱帝赴海而死文天祥之悲歌慷慨從容南向而死迹異心同雖與日月爭光可矣夫以堂堂大宋一賈似道敗之而有餘以文天祥衆賢扶之而不返豈非天命然耶宋亡而元威振萬里兼有華夷夷狄之盛古未聞也忽必烈卒凡八傳而妥懽帖木兒立是爲順帝性柔少斷荒於淫樂而奸臣伯顏哈麻相繼弄權於是羣雄蜂起紅巾倡亂時韓林兒據中原陳友諒據湖廣方國珍據浙東張士誠據浙西陳友定據福建何眞據廣

東劉益據遼陽毛貴田豐據山東分割海內稱王稱
帝垂二十年天畀我　大明復歸一統國祚永享萬
萬年矣我　太祖洪武元年既下山東河南等郡遂
議取元都大將軍達曰臣慮進師之日元主北奔將
貽患於後必發師追之　上曰彼天命厭絕自當澌
盡不必窮追但出塞後固守疆圉爾達既受命六月
迺督諸將會兵發陳橋七月遂至元都敗其兵河西
務又敗之於通州元主得報大懼集后妃太子等議
北避兵遲明召羣臣會議端明殿門開有兩狐自殿
上出元主歎曰宮禁嚴此物何從來殆天所以啓告

我也遂決意北徙八月拔其城元主妥懽帖木兒攜其后妃太子遯去及李文忠擣應昌獲元主孫買禮的八剌始知元主卒於應昌　上遣使致祭以其能達變推分也謚曰順帝而封買禮的八剌爲崇禮侯是時元太子愛猷識理達剌稱帝於和林而王保保佐之兵稍稍振立數寇邊王保保者元右丞相擴廓帖木兒也元滅擴廓擁兵不降　上在江東時屢致書幣甚恭不答後招之亦不顧　上以是壯其節及達克太原擴廓走入和林故遂與元主會焉久之達三道出塞討擴廓不克又數年擴廓卒十六年元主殂

次子脫古思帖木兒立我亦以是年遣其長子歸矣二十一年永昌侯玉出大寧至慶州襲破虜脫古思遁去獲其子地保奴以歸時有言玉私元主妃者脫古思聞之惶懼自盡由是地保奴有怨言　上曰是豈可以久居內地遂遣使護送至琉球居焉自脫古思歿凡五傳坤迭木兒未幾而弑永樂初鬼力赤立非元裔也衆不附復弑之太師阿魯台統有部落乃迎順帝後本雅失里爲主稱可汗而當洪武時强臣猛可帖木兒據瓦剌歿衆分爲三曰馬哈木曰太平曰把禿孛羅不肯與可汗朝會上表貢方物仍請封

詔封馬哈木爲順寧王太平賢義王把禿孛羅安樂王永樂七年遣給事郭驥書諭本雅失里見殺 上大怒勅淇國公丘福等討之與戰虜輒佯敗去福輕信諜者銳意乘之不爲備全軍皆沒 上益大怒明年遂自將出塞而以皇長孫留守北京駕行至清水源其地水鹹苦不可飲人馬皆渴明日營西北二里許有泉湧出甚甘冽軍中賴以不困 上取親嘗之賜名曰神應泉頃之至長清塞地極北夜南望北斗云及至斡難河元太祖始興地也本雅失里率衆拒戰 上麾先鋒逆擊敗之本雅失里棄輜重牛羊等

畜遯去遂班師至靜虜鎮阿魯台復來戰　上率精
騎衝虜陣大呼奮擊阿魯台敗走攜其家屬遠遁時
熱甚乏水軍士有饑渴死者遂收兵還營師次玄石
坡　上製銘刻石曰惟日月明惟天地壽玄石勒銘
與之悠久次擒胡山又勒銘曰瀚海爲鐔天山爲鍔
一掃胡塵永清沙漠次清流泉又勒銘曰於鑠王師
用殲醜虜山高水清永彰我武會軍士乏之食　上令
以所儲供御糧炒散給之　上在軍中每日暮猶未
食大官請御膳　上曰軍士未食朕何忍先飽其仁
愛士卒如此九年阿魯台遣使來納款且請得部署

女直吐蕃諸部　上以問左右多請許之黃淮獨不可曰此屬狼子野心使各爲類則易制若併爲一則勢大難圖矣　上顧左右曰黃淮如立高岡無遠不見諸人如處平地所見惟目前耳乃不許阿魯台之請當是時阿魯台爲馬哈木攻敗窮蹙以其妻孥部落南奔保塞外稱臣奉貢詔封爲和寧王數年生聚蕃富遂肆驕桀時時寇掠塞下　上復自將出塞討之至殺胡原諸將請急追之　上曰虜非有他計能譬諸狼貪得所欲即委追之徒勞少俟艸青馬肥出其不意擣其巢穴未晚也阿魯台遁去未幾阿魯台

殺其王本雅失里而自立時馬哈木死子脫歡嗣王
稍稍併有太平孛羅之衆遂急擊殺阿魯台欲自立
恐衆不附求元孽脫脫不花立爲可汗居漠北脫歡
仍居瓦剌自宣德至正統初寇邊不絕然亦未爲大
害及脫歡死子也先益強盛自稱大師數遣使貢馬
賞賚金帛厚久漸驕桀不恭所司或約減賞物通事
輩又利其賄告以中國虛實也先求結婚通事私許
之朝廷不知也答詔無許婚意也先愧怒十四年大
舉入寇勢甚猖獗永寧懷來龍門諸守將皆棄城走
太監王振導　上親征從之命郕王居守　駕遂行

至宣府駙馬都尉井源等與虜戰敗沒及至狼山成國公朱勇西寧侯宋瑛武進伯朱冕遇虜鷂兒嶺又敗沒 上班師至土木日尚未晡去懷來僅二十里欲入保懷來振顧私重留行遂駐土木旁無水泉士饑渴甚明日虜來議和上移營會暴風連日飛塵蔽天人馬不相見虜騎蹂陣而入奮長刀以擊矢下如蝟我軍號呼解甲投刃蓬首袒身踰山墜谷罷夫僵仆尸枕籍於道路虎賁侍衛束手莫支大將張輔曹鼐等皆沒內官喜寧降虜駕遂北狩時己巳八月十五日也二十二日虜奉 上至大同城索金幣約歸

駕先是郭定襄登守大同與寇相拒大小數十百戰未嘗挫衄及　上班師登語曹鼐當從紫荊關入鼐然之後竟從居庸當虜衝也故敗是日登知虜詐謀拒之曰受命守城不敢擅自啓閉竟不出校尉袁彬以頭觸門於是劉安孫祥霍瑄出見虜索城中犒軍錢括公私金銀萬餘兩旣賜虜受之無他言　上復自大同出塞居伯顔帖木兒營伯顔俯伏跪拜執臣子禮甚恭十月虜復入寇大同廣昌破紫荊關遂犯京師喜寧爲之鄉導并嗾也先邀大臣于謙王直胡濙等出議和謙力言虜詐不可許而以王復趙榮二

人出見時虜益四面剽掠焚三陵殿寢祭器逼宣武
門逾蘆溝橋分掠下邑而徐有貞者謬以占候倡南
幸議太監金英面叱沮之于謙志在討虜曰有主異
議者斬於是人人惴恐爭赴敵矣是時謙知　上皇
營遠遂督諸軍力戰發大砲擊虜死無算殺其酋鐵
頸元帥而石亨王通孫鏜等戰皆大捷虜勢少阻遣
使請和謙恐虜詐尋諜知虜情果實遂遣楊善趙榮
等使虜時景泰元年七月也會也先知中國勤王兵
集而袁斌又以計殺喜寧失其鄉導虜稍厭兵　上
皇在虜廷時天容穆然未嘗少降辭色虜以女入侍

竟不納虜異之會大雪　上所止穹廬上雪不凝虜
益異之時袁彬與衛士哈銘者臥起不離晝斧薪伐
冰夜則以背承　上足而臥又有沙狐狸者亦衛士
在侍一日也先與以六羊曰你可持此以供　皇帝
御膳也沙裂衣爲二長帶縶負以行至　上皇前跪
伏復命往數里外取薪藁亦跪伏復命三人者備極
勞苦所弗辭也虜覘知之乃大驚歎謂中國有人愈
退却矣頃之楊善等至虜營與也先相見也先因問
土木之役南朝將士何以不戰并問減馬價剋𦵏使
人及市釜事善一一對之甚悉且言累朝厚恩不可

忘天道好生今縱兵殺掠上干天怒反覆辨論數千
百言皆中肯綮也先大服於是效順之謀益決引善
見　上皇明日也先奉餞又明日伯顏奉餞俱執禮
甚恭曰我人臣也敢與天子抗禮哉明日　上皇發迤
北也先伯顏率諸酋送之至野狐嶺慟哭而別仍命
數酋送入關駕至京　上迎拜　上皇答拜相抱而
泣遂入南宮羣臣就見而退二年也先遣人貢馬三
年又遣人貢馬當是時也先使至京每幾千人出入
驕恣殺掠人畜至欲騎入長安門我以通好故不欲
與戰虜益驕東結朶顏西交哈密脇赤斤蒙古往往

窺塞下四年也先攻殺脫脫不花自稱田盛大克汗田盛華言天聖也自是也先新立恐衆不附欲通好天朝始不復深入及也先被弑諸子分部西北離合不常孛剌世次莫得而考矣當是時虜大酋以十數惟小王子最雄立爲可汗小王子者乃故元君裔也尋爲孛來瘸王子所弑而虜大酋毛里孩阿羅出等復弑孛來而共立故小王子從兄脫思爲王遂以小王子爲君號云至成化初有大酋滿魯都者入河套僭稱可汗而乩加思蘭佐之稱太師殺阿羅出幷其衆結毛里孩等寇我榆林寧夏固原宣大諸塞迄無

寧日于是總督王越有搜河套議朝廷從之遂勑武靖侯趙輔總制各路軍馬搜套輔尋以疾還邊葉盛行邊上方略言不可議遂寢未幾滿魯衰弱不知所終而河套猶然為虜有也弘治初許進巡撫大同貽書小王子言通貢之利小王子聞進威名遣使二千餘人貢馬三年三貢自猫兒庄入比至塞皆下馬脫弓矢入館進亦嚴兵待之於是宣大河曲遂無虜患至弘治中火篩大舉入寇我輒討之不利火篩滅邊患復息是時故小王子孫名不及兒台吉者嗣立稱小王子其分地介西北間善水艸以故甚富而饒厭兵

不爲寇射獵自娛而已其二從父曰吉囊曰俺答吉囊分地河套次饒俺答分開原上都最貧以故最喜爲寇抄而小王子雖稱君長不相攝嘉靖中吉囊及俺答連歲入山西抵太原圍之十六日諸將皆觀望不戰惟偏帥張世忠張宣張臣以力戰敗歿頃之吉囊死諸子各分居西邊而俺答日益强盛二十九年俺答復大舉入寇時仇鸞總兵大同密遣其黨時義賄虜令別寇宣府薊州無犯大同境虜遂東去知宣府有備乃寇薊鎮薊鎮無重關山外即虜境所恃三衛爲藩籬會三衛稍有叛志故反陰爲嚮導遂越三

衞犯京城焚刼至德勝西直門旬日乃出關京師震恐始議守禦計檄召諸邊將勤王而仇鸞首以大同兵至都御史楊守謙以保定兵至人心稍安自是河間宣府大同山西諸將各以兵先後至勤王入衞兵凡七鎮約五萬餘人乃命文武重臣各十三人分守都城九門四隅而王邦瑞蔣貴總督之令城中居民并四方入應武舉官生登陴列守以兵尚丁汝夔兵侍楊守謙督戎務即軍中拜仇鸞平虜大將軍總督諸路勤王兵分道禦虜鸞軍無紀律頗驕縱往往入村落反辮髮詐稱虜刼略民財被捕獲或自詭爲遼

陽軍叅軍中呼朶顔爲遼陽軍云時鸞方被寵任故擒獲大同兵殺掠者明知實非遼陽軍然竟不敢置之法也疏聞上令付大將軍鸞撫處而鸞殊不爲禁汝夔亦以 旨故下令勿捕大同兵故大同兵益無忌民苦之甚於虜矣乃民間不知故遂謂汝夔山東人於遼陽爲疵鄉曲故人人歸罪汝夔時守謙營城外東北隅亦爲鸞節制按兵不得戰 上誤聞謂鸞遠出禦虜而汝夔守謙俱懷怯不出師故遂下二人獄而以王邦瑞艾希淳代之頃之汝夔守謙梟首棄屍而汝夔妻流嶺南子謫戍遼陽聞者莫不爲之殞

滂時刑侍彭黯左都屠僑大理卿沈良才以議汝夔
等獄緩俱逮繫廷杖削秩給事張侃等如例覆讞汝
夔等以沮撓逮繫侃仍削籍時虜漸退白羊口守將
禦之不得出鸞帥兵尾之虜騎蹂入我兵不能禦死
傷千餘人鸞幾爲虜獲自是後士卒滋怯矣乃鸞不
督諸路進兵仍遣時義輒與虜通許以互市而時義
與虜俺答義子脫脫結爲兄弟朝士私銜之莫敢發
也時逆鸞者則有兵尚王邦瑞總督商大節主事申
旒皆侍法不爲鸞屈上言侵鸞鸞擠之邦瑞申旒以
落職歸而大節論死繫獄中於是人心洶洶恐變出

不測會主事楊繼盛者力言互市不可狀且歷數鸞欺罔罪下獄貶秩於是遂開馬市於宣大矣而虜之寇掠如故遂復罷貢市無何鸞發疽死虜稍稍引去至隆慶四年俺答之孫青台吉之子把汗那吉降先是俺答有外孫女美而豔業已配許襖兒都司矣俺答納馬而奪把汗那吉所聘兀慎女易之把汗那吉恚甚故扣關請降巡撫方逢時具疏上聞　詔授那吉錦衣千戶於鎮安城置馬俺答屢擁衆宣太索那吉甚急宣府總兵趙苛與戰大敗之俺答懼自是稍稍謀效順矣乃定議欲得我降虜叛人呂老祖趙全

李自馨周元劉四等與相易也於是遣部下鮑崇德往崇德小字官保舊役虜中與虜相狎及至虜營俺答大悅請如命久之果縛送老祖等至京磔於西市我遂遣那吉北還呂老祖者以白蓮教惑人因追捕逃入虜中而趙全等千餘人從之虜處之板升地全桀黠多謀俺答親信之輒詢以中國虛實并攻取之策後全有衆至萬餘故虜如虎傅翼所過無堅城完壁皆全等爲之也已而俺答感我恩信請款塞效順且乞封貢總督王崇古巡撫劉應箕列其事以聞時朝議洶洶不定崇古等抗疏極言虜情無僞封貢交

市可行　朝廷許焉往使再三仍遣鮑崇德往崇古應箕以書諭虜人書稱你們我們稱俺答爲老官人辭淺且直率欲虜易曉也與虜定約崇德至與俺答爲鑽刀誓鑽刀誓者虜中信且憚之其詞曰天王佛祖証我盟誓兩家有違遭此鋒利誓畢俺答乃遣其心腹打兒漢土骨赤還報仍答崇古應箕書稱大賢德軍門王都府劉二位老先生臺下自稱侍生俺答頓首不下數語辭鄙陋不通并具疏稱臣願歸附內向自比屬國奏聞　詔可遂封俺答爲順義王其弟姪子姓老把都黃台吉等六十五人各授都督指揮千百戶等官有差開市交易悉如督撫議於是虜酋利於互市以故二十年

來黃台吉扯力艮父子俱奉約束邊鄙稍寧其地木皮三寸冰厚六尺食肉而飲酪隨畜薦居有徵會則刻木封箭爲信挾其長技上下山谷飄忽如風雨其輕生好殺篡弑蒸淫天性然也其譯語天爲騰吉里地爲蛤札兒日爲納藍月爲撒刺其山川則陰山草木盛茂多產禽獸漢武奪其地匈奴過之則哭浚稽山李陵敗北虜處燕然山竇憲勒銘處金微山去塞五千餘里竇憲大破匈奴不蛃罕山昔有蒼白狼遇蒼白鹿於此山生子名巴塔赤罕後爲蒙古部元之祖也撒撒兒山本朝周興大破胡於此山產角端狀如牛一角在鼻上可作弓能曉四夷語貂鼠銀鼠毛色如銀價數倍於貂黃鼠見人則拱前腋如揖味極佳元時有玉食之獻置官守其處白翎雀雖極寒亦不南飛旱金

花金色大如掌青囊花色如翠可愛花羊角染油不滑作刀靶佳貀猴屬鼲

二物皮毛柔俱宜爲裘東牆似蓬艸實如稌子十月始熟沙雞黃冠青綫常在樹下渾

脫殺小牛自脊上開一孔旋取出肉皮臟皆完以肉揉軟用乳并酒漬食之味佳爲奇

論曰天道恢恢不絕異類四夷爲患北狄甚焉其隼

質難羈狼心自野先王禽獸畜之不比爲人良有以

也雖叛服靡常蓋亦由中國之盛衰焉當漢唐之盛

也呼韓稽顙突厥稱臣何其屈也洎乎厄運則晉有

劉石宋有遼元均之蹂躙中原竊據華夏遂使冠裳

化爲椎結禮樂變爲腥膻瓦解土崩天墜地裂夷狄

作虐古罕聞矣恭遇聖明重新宇宙以　太祖之剪

謂造夏　成祖之絕漠犁庭俾幽窨之民獲覩天日辟猶枯楊再華白骨更肉殆開闢以來未有之功也故雖强如也先桀如俺答始則呌號終則馴伏固國運之昌使然毋亦　二祖之餘威有以奪其魄而喪其膽乎慶曆以來效順彌篤致今借箸請纓之士卷舌不談擁旄授鉞之臣韜戈不用於都盛哉即剖南山之竹捐西山之兎曷足爲今日揄揚也然而安者危之兆也福者禍之媒也決堤之水始自涓流焚宇之燎由於隙火昔俺答受封而其子黄台吉且心銜之也幸而其早隕也時扯力艮尚猶黄尸也今齒牙

已就食牛之氣已壯能不爲當時病痱哉班固有言介胄之夫則主征伐縉紳之士則守和親今之互市亦與和之遺意云云夫豺狼無厭蜂蠆有毒徒以和羈之而遂忘議戰非計也葢戎狄猖獗之時與戰則能和不與戰則不能和漢唐以戰爲和故窮征之後累世稱藩宋朝以和爲和故納賄未幾宗社尋喪今雖名爲效順而小小寇邊未絕也謂宜廣儲修堡練卒備械俾我强而彼弱順則輕利啖之逆則全師剿之何也欵塞而賞則一幣而當百恩甚渥也寇掠而賂則百幣而不當一其貪心不可長也故戰出於喜事

者危而和出於畏事者亦危彼當事者可輕議耶

兀良哈

兀良哈古東胡地高辛氏之裔漢之鮮卑唐宋之吐谷渾契丹皆是也昔高辛氏遊海濱過棘城闕顓頊之墟樂之歸封其子猒越左傳高辛氏才子八人其中一名猒越居馬邑於紫蒙之野號曰東胡匈奴冒頓時東胡強索寶馬冒頓與之索閼氏冒頓與之已而復索匈奴棄地千餘里於是冒頓大怒曰地者國之本也奈何與人遂發兵擊東胡東胡初輕冒頓不爲備及冒頓以兵至大破東胡滅其國東胡遺種保鮮卑山故遂以鮮

卑爲號云無世業相繼百千邑落各自爲一部凡勇
健能理決鬬訟者則推以爲大人有所召呼則刻木
爲信雖無文字而部衆不敢違犯自國破後未嘗通
中國馬至光武初匈奴强盛輒率鮮卑寇邊太守祭
彤擊破之斬獲殆盡由是震怖及南單于附漢北虜
孤弱鮮卑始通驛使於是大人偏何於仇賁滿頭等
率種人詣闕朝賀慕義內屬復從擊北匈奴烏桓有
功封侯一歲間青徐二州給錢二億七千萬以爲常
明章二世保塞無事和帝時竇憲擊破匈奴北單于
逃走鮮卑因轉徙據其地匈奴餘種留者尚有十萬

餘落皆自號鮮卑鮮卑由此漸盛而數寇[illegible]矣追桓
帝時有檀石槐者其父投鹿侯初從匈奴軍三年其
妻在家生子投鹿侯歸怪欲殺之妻言嘗仰天視雹
入其口吞之遂有孕鹿侯不信棄之妻私取養焉名
檀石槐年十四五勇健有知略異部大人抄取其外
家牛羊檀石槐單騎追擊之所向無前悉還所亡者
由是部落畏服推以爲長東西部大人皆歸焉因南
抄緣邊北拒丁零東郤夫餘西擊烏孫盡據匈奴故
地東西萬四千餘里自是寇邊不休朝廷不能制乃
遣使持印綬封檀石槐爲王却之而寇抄滋甚緣邊

諸郡受其大毒靈帝時夏育議擊鮮卑蔡邕上言不可帝勿從擊之竟大敗光和中檀石槐死子逹和代立才力不及父衆畔者半後出攻北地爲廉人射中死兄子魁頭立死弟步度根立自檀石槐後諸大人遂世相襲云魏文帝初步度根遣使貢馬帝拜爲王後部衆稍弱爲軻比能所滅軻比能者鮮卑小種也公平服衆推爲大人自袁紹據河北中國人多畔亡歸之教作兵器鎧楯頗學文字建安中與烏桓寇邊後復貢魏封爲附義王兵騎强盛諸部憚之然猶未能及檀石槐也青龍初幽州刺史王雄遣勇士韓龍

刺殺比能衆遂離散在隴西爲乞伏氏國仁稱王二傳至孫慕末元魏滅之在河西爲禿髮氏烏孤稱王二傳至弟傉檀乞伏氏滅之在燕爲慕容氏其後最盛當魏初渠帥有莫護跋率諸部入居遼西後從司馬懿討公孫淵有功拜率義王建國於棘城之地以慕容爲氏至孫涉歸魏封爲鮮卑單于遷居遼東於是浸有華夏之風矣涉歸有子二人長曰吐谷渾次曰慕容廆涉歸之嫡嗣也初吐谷渾與廆鬬馬而廆馬傷廆讓之渾怒率其部落西遷河湟之間其後廼以吐谷渾爲國號云自渾十五傳至夸呂始稱可汗

數爲侵害隋擊破之夸呂遠遁故地皆空隋置爲西海且末河源郡焉大業末夸呂子伏允孫慕容順收復故地唐將李靖滅之伏允死子順降封爲西平郡王嗣是衰弱而吐蕃滅之併有其地順子諾曷鉢降唐高宗置安樂州封爲刺史卒子忠立卒子宣超立則天時吐蕃復取安樂州而吐谷渾殘部徙朔方河東唐復以慕容復爲青海王襲可汗號吐谷渾自晉永嘉時有國凡三百五十年及此封嗣絶矣而慕容廆者有命世才畧以大棘城爲顓頊之故墟因移居焉教以農桑法制同於中國永嘉初自稱鮮卑大單

干因晉亂招撫華夷刑政修明流亡歸之甚衆乃立營丘唐國冀陽城州四郡統之徵辟儒生以爲參佐而奉晉室朝貢不闕廆卒子皝嗣益雄毅多權略自以强盛遂稱燕王請命於晉晉許之遷都栁城皝卒子儁嗣封已而稱帝建都於鄴儁卒子暐立而莫容垂輔之垂爲人多知略燕太傅評忌之垂因奔秦初秦符堅素有圖燕之志憚垂威名不敢發及聞垂至大喜郊迎執禮甚恭拜爲冠軍將軍堅乃遣王猛等伐燕燕軍大敗猛乘勝長驅入鄴門執暐詣堅釋之燕遂亡識者皆曰天未絕燕必中興其在莫容垂乎

後丁零翟斌起兵畔秦堅使垂將兵討之垂至安陽遂與翟斌合兵進攻鄴秦符丕退走垂入而稱帝亡何燕分爲三慕容冲即位阿房是爲西燕一傳至永垂孽殺之慕容德即位廣固是爲南燕一傳至超劉裕滅之而慕容垂亦以三傳至熙而亡鮮卑之入中國者自此絕矣而當輙比能時其餘種逃潢水之南黃龍之北者始不可考至元魏號曰契丹自此通中國焉古昔相傳契丹之先有男子乘白馬浮土河而下復有一婦人乘小車駕灰色牛浮潢河而下遇於木葉山顧合流之水與爲夫婦此其始祖也是生八

子各居分地爲八部落歿則立遺像於木葉山祭之必刑白馬殺灰牛用其始來之物也舉兵亦然後有一主曰廼呵特一髑髏在穹廬中覆之以氈人不得見國有大事則殺白馬灰牛以祭始變人形出視事已即入穹廬復爲髑髏因國人竊視之遂失所在復有號曰喎呵戴野猪頭披猪皮居穹廬有事則出退復隱入穹廬如故後因妻竊其皮莫知所如又一主曰晝里昏呵惟養羊二十口日食十九留其一次日復滿二十口事極怪異其實不可得而詰也魏太武時八部各以其名馬文皮入獻皆得交市於和龍密

雲之間齊受魏禪入貢不絕隋開皇末有別部四千餘家背突厥來降唐武德中其大酋孫敖曹遣使來朝而君長或小寇邊貞觀以後其君長亦入朝有常貢矣突厥不欲外夷與唐合請以梁師都易契丹太宗不許梁師都者唐臣叛入突厥者也無何契丹長窟哥率其部內屬乃置松漠都督府以窟哥爲都督封無極男賜姓李通天初窟哥曾孫松漠都督李盡忠攻殺營州都督趙文翽舉兵反陷營州自號可汗以誠州刺史萬榮爲將縱兵四畧所向輒下武后怒詔曹仁張言遇李多祚等二十八將討之唐軍敗績

無何盡忠死詔遣婁師德沙吒忠義率兵二十萬
破之萬榮亦沒其黨遂潰附於突厥自是勢力稍弱
而其長李失活吐干李懷秀等相繼降矣唐悉拜爲
都督封以王爵在開元天寶間使朝獻者無慮二十
敎事以范陽節度爲押奚契丹使自至德後藩鎭擅
地務自安障戍斥候益謹奚契丹亦鮮入寇而朝獻
不絕矣契丹俗入部大人三年一會於各部內選雄
勇者立之爲王舊王退位例以爲常阿保機者不知
何部人也爲人多智略而善騎射時大人遙輦不
任事衆推阿保機代之無何阿保機誘屠漢城自爲

一部諸酋許焉遂徙居漢城教人耕種漸致饒足久之與妻述律謀召諸部大人至伏兵其旁酒酣伏發盡殺之而併有其衆稍臣服旁諸小國故益强盛制文字置官號僭稱皇帝起東西南北四樓極侈麗相去各千餘里往來射獵於四樓之間好鬼而貴日每月朔日東向而拜日其會聚視國事亦以東向爲尊四樓門屋皆東向先與晉王李克用約共滅梁後倍約遣使至梁奉表稱臣約共舉兵滅晉克用大恨之臨卒以一矢屬莊宗期必滅契丹後唐臣王郁以鎮州獻契丹爲之向導契丹空國來寇攻幽州中山莊

宗擊破之契丹雖無所得然自此有窺中國之志矣
已而阿保機死德光立益強石敬塘反唐遣張敬達
等討之敬塘求救於德光德光曰余夜夢石郎召我
今果然耶親督兵來戰敬達敗沒德光遂立敬塘爲
晉天子而北歸是時鴈門以北一十六州皆德光有
也置幽州爲燕京改元會同國號大遼百官制度皆
倣中國晉稱臣納輸德光稱晉曰兒皇帝終高祖世
奉之甚謹及出帝即位德光怒其不先以告又不奉
表不稱臣而稱孫遂傾國入寇晉劉知遠杜重威等
擊之契丹敗德光引去亡何趙延壽降契丹詐晉約

爲應兵晉遂遣杜重威等擊之不勝被圍粮絶重威亦降於是德光遂入京師晉出帝與太后爲降表自陳過咎出郊奉迎德光止之曰豈有兩天子相見於道路耶及入封出帝爲負義侯遷於黃龍府德光既立粮草不贍日遣數千騎分出四野劫略人民謂之打草穀民被其毒遠近咨嗟會漢高祖劉知遠起所在州鎮多殺契丹守將降漢德光大懼遂以蕭翰守汴而偕其官屬妃妾將卒數千人北歸行至殺胡林得疾而卒契丹破其腹去其腸胃實之以鹽載而北晉人謂之帝羓焉兀欲者東丹王突欲之子也先是突

欲二下降唐故其子兀欲欲立祖母述律勿欲也曰畔人之子安得立兀欲怒遂幽述律於木葉山竟致死其慘毒如此述律為人亦多智而忍阿保機死盡殺從行諸將妻百餘人曰可往從先帝我寡若安得有夫大將趙思温以事忤述律使送木葉山思温曰親莫如后何不行述律曰我本欲從先帝以子幼中國多故未能也乃斷一腕而釋思温不殺無何鎮州失守而兀欲為燕王述軋等所弒遂迎德光子璟以立璟有疾不能近婦人好畋獵飲酒達旦日中輒睡國人謂之睡王不與國事以故不復南寇顯德六年周世

宗發兵北征取瀛漠定三關兵不血刃璟曰漢地還漢余何惜耶後因醉而爲庖人所弑國人共立兀欲之子明記稱天贊皇帝是時宋太祖新興保境息民不欲生事夷狄而契丹亦或貢或寇畔服無常至太宗時數寇州縣然亦輒爲宋敗去明記卒子隆緒立年幼小母蕭氏當國内行不修於是諸臣議者請以此時收取幽薊上然之遂遣將曹彬田重進潘美楊業等三道出塞彬等兵勢甚振所向克捷多所虜獲業已下數州矣而彬部下諸將貪功競畫進取之策彬不能制遂至軍無行伍士卒疲乏未幾而所下諸

州旋又復失第虜王殘而虐下苦歛重役來降者甚夥雖嘗舉兵入寇竟未能大得志於宋也會宋將王繼忠戰敗陷虜虜授以官繼忠嘗爲虜言和好之利且致密奏達闕下請和宋乃遣曹利用往利用至虜營許以歲給絹二十萬疋銀一十萬兩議遂定虜王請以兄事宋帝自是宋遼修好少交兵馬隆緒卒子宗真立時夏國元昊未平宗真知中國厭兵用劉六符議聚兵幽涿聲言入寇遣使致書索晉隋關南地而其指實欲邀歲賂而已仁宗重用兵遣富弼報書諭之遂議歲增銀絹至五十萬然契丹實惜盟好特

爲虛聲以動中國宋方困西師而宰相呂夷簡持之
不堅許之至厚其後遂滋無窮之敝云宗眞卒子洪
朞立遣使蕭禧致書以河東地界爲言往返再三議
久不決禧必欲以分嶺水爲界而故相文彥博富弼
韓琦曾公亮上章以爲不可與地獨王安石言於上
曰將欲取之必固與之於是詔從禧言禧乃辭去往
時界於黃嵬山麓宋可以瞰其應朔武三州旣以嶺
與之虜遂反瞰忻代凡東西失地七百里洪朞卒子
延禧立號天祚皇帝爲人貪縱不道諸國附從者皆
有離心於是女眞首領阿打骨遂畔集所部甲馬三

千犯東境寧江州延禧方射鹿秋山聞亂輕之不爲介意遣高仙壽討之敗焉遂陷寧江初州有權易場女眞以金珠寄蠟爲市率爲州人賤直強買且拘辱之謂之打女眞至是逞憾恣殺民無噍類及遼將蕭嗣先之敗也其兄蕭奉先恐弟獲罪詒延禧言潰兵不赦將爲腹心重患延禧遂詔一切勿問於是出征不皆曰戰則有死而無功退則有生而無罪故士無鬬志遇敵輒奔矣頃之女直陷東京延禧懼即日出居庸關率禁衛五千奔雲中趨漁陽嶺入陰夾山時遼國無主張琳李處溫共立延禧叔淳爲主稱天錫

皇帝未幾淳卒而契丹之地盡入金矣延禧計窮乃遯夾小鞨鞣未幾與金將婁宿遇婁宿下馬跪于前捧觴而進遂俘以還吳乞買封爲海濱王處之長白山東踰歲而死遼亡自阿保機至延禧凡九代及元滅女直即奚都地置大寧路契丹屬之爲大寧之北境也　我朝洪武初中東夷遼王惠寧王朶顏元帥府元帥各遣使來朝於是即古會州地置北平行都司封寧王權鎮焉後因北胡來降者衆分兀良哈爲三衛曰朶顏曰大寧曰福餘以處降胡設都督指揮等領之與遼東宣府東西並列以爲外藩命其長爲

指揮使同知官各領所部自是每歲朝貢馬靖難兵起召兀良哈諸部落從行有功遂以大寧界三衛徙寧王於南昌徙行都司於保定令三衛一歲二貢自是三衛之地與遼宣隔聲援絕矣永樂中　上既攻殺阿魯台乃諭諸將曰所以翼阿魯台爲逆者兀良哈之寇也當還師剪之遂簡步騎分五道擊之抵其穴斬首數百級擒斬酋長數十人盡收其牛羊駝馬十餘萬而還然三衛中朶顏據地最險其兵騎亦稱最强己巳福餘大寧結也先爲之嚮道朶顏獨扼險不從也先竟不能入塞而去天順成化間三衛通

毛里孩乩加思蘭等入寇頃之謝罪國家輒撫納之而彼亦小小爲寇抄不絕迨弘治中守臣楊友張䕫撓荒出塞掩殺甚衆邊釁㒸起自是雖名爲捍衛而頻陰逆[illegible]肆侵略花當則脅求添貢把兒孫深入虜掠動稱結親迤北恐嚇中國我將士前後陷沒者甚夥即庚戌之變亦三衛導之也慶曆以來修守城堡虜稍知避斂入貢如初其俗及譯語與韃靼同其山川則有黑山云北人死則魂歸此山每年冬至日酋長殺白馬白羊各取其生血和酒北望拜祭此山甚嚴非祭則人不敢登此山馬盂山廣袤千里十金山山有七峯爲大其產惟青羊青毛色黃豕黃毛色契兎即䟦兎爲耶耶距虛嚙草一行也

瑪瑙色青黑或青赤中間以紅色如珠絲者爲妙與南方者不同白畐剳紅片色爲奇

論曰東胡天性忿鷙不下匈奴故其後裔輒與匈奴相爲盛衰如鮮卑契丹等國難得而制非一世也惟我　太祖龍興韃靼遠遯而兀良哈納土制爲內外二邊內邊起古北口至山海關外邊在三衛地有山連亘三千里外環以江其險足據故北虜不敢侵水爲藩籬即金湯之險弗踰此矣自棄大寧之後止守內邊失外邊三衛遂肆猖獗侵而寇抄自爲剽掠而引導導韃靼入寇是爲韃靼傳其虎翼而爲中國自噬也豈不殆哉第三衛各爲部落其强易詘其合易分

激之則入爲虜役寬之則因而爲我間諜夫固中國之耳目也倘當事者治以不治薄責其貢而厚給其賞宣稍撫綏之則藩籬之固奚必待形勝耶

咸賓錄北虜志卷之一終

吳郡錢世七小書
熊一川

咸賓録東夷志卷之二

明豫章羅曰褧尚之父著

朝鮮

朝鮮東夷大國也昔堯命羲仲宅嵎夷曰暘谷孔子欲居九夷夏后相時於夷來賓少康時方夷來賓及周公所滅淮夷大抵皆東夷種也武王伐紂釋箕子囚箕子既陳洪範義不臣周而武王亦不欲臣之也故封之於朝鮮其初國俗未聞及箕子教以禮義田蠶又制八條之約故其風淳厚與三方異至有邑無淫盜門不夜扃者傳四十餘世至朝鮮矦準稱王漢

初大亂燕人衛滿避地朝鮮遂擊破準而自稱朝鮮王會孝惠高后時遼東太守奏約滿爲外臣保塞外蠻夷許之滿遂得以兵威財物侵旁小邑凡穢貊高句驪沃沮真番辰國皆服屬焉傳子至孫右渠負固不朝又擁閼他國來朝者元封初襲殺漢使涉何漢於是遣楊僕荀彘誅右渠以兩將不相能故久無功頃之尼谿相參迺使人殺右渠來降先是穢君南閭等二十八萬口降置蒼海郡及定朝鮮復置爲真番臨屯樂浪玄菟四郡而以高句驪沃沮爲縣至昭帝時罷臨屯真番二郡而幷於樂浪玄菟爲高句驪者

其先夫餘種也夫餘嘗得河伯女因閉於室爲日影所照遂孕生一卵大如五升破而得一男馬及長字之曰朱蒙其俗言朱蒙者善射也王令養馬蒙私以馬駿者減食令瘦駑者善養令肥王以肥者自乘瘦者給朱蒙王狩給朱蒙一矢殪獸甚多夫餘王謀殺之朱蒙遂棄其母與馬達等二人東遇河難濟追者迫朱蒙曰我日之子河伯外孫也今奈何餓而魚鼈成橋朱蒙得渡魚鼈乃解朱蒙遂至普述水遇見三人一着麻衣一着衲衣一着水藻與朱蒙至訖升骨城遂居馬號曰高句驪因以高爲氏朱蒙死子如

栗豆如栗灰子莫來豆其人性凶急習戰鬬好寇鈔濊沮東濊皆屬焉武昭雖置爲縣後稍驕不服王莽初發句驪兵伐胡不行郡縣强迫之遂亡出塞莽令嚴尤誘句麗侯騶斬之傳首長安於是寇邊愈甚及光武罷兩郡都尉官仍以穢及沃沮地封其渠帥爲侯而遼東太守祭彤威信素著於是高句驪濊貊倭韓夫餘諸國來獻倭即日本詳見日本志中韓有三種曰馬韓國五十四曰辰韓國十二曰弁辰國亦十二合方四千餘里皆古之辰國也馬韓最大其諸國王盡馬韓種人俱服屬焉昔朝鮮王準爲衛滿所

破遼將餘衆千人攻入馬韓爲王準後卒韓人復自立辰韓者古自言秦之亡人避苦役適韓相呼有似秦語風俗尚禮勝於馬韓弁辰國近倭故頗有文身者三韓自漢晉以來朝貢不絕後爲新羅百濟所併

夫餘穢貊之裔也其事與朱蒙同漢晉以來朝貢及阿保機滅夫餘攻東丹府遂絶後高句驪王宮勇壯數入犯邊境元興初寇遼東耿夔擊破之元初建光時輒與濊貊馬韓鮮卑入寇圍玄菟城殺掠吏人時遼東太守蔡諷戰沒官屬幷軍卒死者數千人夫餘王乃遣子尉仇台將兵來援與州郡幷力討破之是

歳宮死子遂成立詔玄菟降遂成死子伯固立其後濊貊率服東垂稍安及桓靈失政復入寇掠玄菟太守耿臨討之伯固降乞屬玄菟云伯固卒子伊夷模立建安中公孫度擊破之有其國伊夷模更作新國於丸都山下居焉伊夷模死子位宮立一名宮慕祖風烈故襲其名有勇力便鞍馬善獵射從晉擊公孫氏有功勢遂滋盛魏正始初寇遼西安平幽州刺史毋丘儉往擊之位宮敗奔儉使王頎追之絕沃沮千餘里到肅慎南刻石紀功而還是時頎問其耆老海東復有人不耆老言國人嘗乘船捕魚遭風至一島語言不相曉

者常以七月取童女沈海又一國在海中純女無男擬地而孕胷前無乳項後生毛中有汁乳子百日能行三四年則成人矣又海岸邊有兩面人項中復有面生得之與語不通不食而死又得一布衣從海中而出身如中國人衣其兩袖長三丈蓋沃沮東界之極也晉時立宮五葉孫釗爲王慕容皝擊破之入掠萬口焚其宮毀九都城而釗亦尋爲百濟所殺於是遂徙都平壤平壤即樂浪也元東寧路今仍屬朝鮮及慕容寶以句麗王安爲平州牧封遼東帶方二國遂略有遼東郡勢復振立至晉安時安孫高璉獻豬白馬晉封

爲高麗王樂浪郡公璉壽百有餘歲而死凡四傳而
湯立自東晉宋至於齊梁後魏後周其主皆受南北
兩朝封爵分遣貢使隋時其國漸大及隋平陳湯懼
治兵積穀爲守拒之策高祖曉諭之遂上表謝罪湯
卒子元立元卒靺鞨兵寇遼西既而煬帝徵元入朝
元不至煬帝大怒遂親征之高麗嬰城固守隋食盡
師老轉輸不給諸軍多敗績乃班師還頃之高麗亦
困獘遣使乞降隋末天下喪亂仍徵元入朝元竟不
至也元死子建武嗣唐高祖初兩遣使入朝唐拜建
武爲上柱國封高麗王頃之新羅百濟上書言建武

閉道使不得朝且數侵入詔使朱子奢持節諭和是時太宗已擒頡利建武懼請與二國平且賀滅突厥并上封域圖久之復遣太子桓權入朝獻方物帝厚賜賚詔使者陳大德持節答勞且觀釁大德入其國厚餉官守悉得其纖曲大德還報太宗大喜於是遂有征服高麗志矣高麗有蓋蘇文者姓泉氏自云生水中以惑衆性忍暴嗣父爲東部大人殘凶不道諸大臣與建武議誅之蓋蘇文覺悉召諸部詒云大閱兵列饌具請大臣臨視賓至盡殺之凡百餘人馳入宮殺建武殘其尸投諸溝更立建武弟之子藏爲王

自爲莫離支專國柄猶唐兵部尚書中書令職云太宗聞建武爲下所殺遣使弔祭不欲因喪伐罪乃拜藏爲高麗王會新羅遣使者上書言高麗百濟來攻詔天子哀憐太宗以書讓高麗且使止勿攻使未至而蓋蘇文已取新羅二城矣會李勣勸上討之帝意遂決乃遣將張亮李勣李道宗契苾何力等二十人往征之又發契丹奚新羅百濟諸君長兵悉來會上次定州坐城門過兵人人慰撫疾病者親視之敕州縣治療士卒大悅人人願爭先赴敵矣於是勣攻牟城拔之以其地爲蓋州孫伐音攻白崖城拔之以其

地爲巖州勣遂圍遼東城帝至城見士卒擔土塡塹帝分其尤之重者馬上持之羣臣震懼爭挾塊以進帝與勣會甲光炫日會南風急士縱火焚西南樓延城中屋幾盡人死於燎者萬餘衆登陴虜蒙盾以拒士卒長矛舂之礧石如雨城遂潰以其地爲遼州遂引軍次安市城進兵攻之會高麗南北部傉薩高延壽高惠眞率靺鞨之衆十五萬來援於安市城東南八里依山爲陣上令所司張受降幕於朝堂之側夜召文武躬自指麾是夜有流星墜賊營中明日及戰大破之延壽惠眞降上悉以其酋長授以戎秩命還以平壤靺鞨

鞨三千人並坑之所獲無算因名所幸山爲駐蹕山命許敬宗爲文勒石紀功焉太宗崩高宗立藏遣使者奉慰後新羅訴高麗靺鞨奪三十六城詔程名振等率師討擊勝之無何蓋蘇文死子男生代爲莫離支與弟男建男產相怨男生入朝求援而蓋蘇文弟淨土亦請割地降乃詔遣將契苾何力薛仁貴龐同等討之皆受李勣節度會侍御史賈言忠計事還帝問軍中云何言忠對曰必克高麗秘記曰不及九百年當有八十大將滅之高氏自漢有國今九百年勣年八十矣虜仍薦饑人相掠賣地震裂狼狐入城蚡

穴於門人心危駭是行不再舉矣未幾勣圍平壤藏
遣男產率首領百人樹素幡降且請入朝勣以禮見
而男建猶固守出戰數北大將浮屠信誠遣諜約內
應遂入火其門執藏男建等收凡五部百七十六城
戶六十九萬詔勣便道獻俘昭陵凱而還勣等數俘
於庭高宗赦之各授以職諸將加爵有差剖其地爲
都督府九州四十二縣百復置安東都護府擢酋豪
有功者爲都督刺史而以薛仁貴爲都督總兵鎮之
藏以永淳初死葬頡利墓左由是高氏絕王矣至垂
拱中以藏孫寶元爲朝鮮郡王唐末中原多事遂自

立爲君長而其名號史失不紀矣至後唐明宗時權知國事王建承高氏之位并有新羅百濟以平壤爲西京遣使朝貢封爲高麗國王建卒子武立武卒子昭立王氏三世終五代常來朝貢其立也必請命中國中國常優答之周世宗時王昭進別叙孝經一卷越王新義八卷皇靈孝經一卷孝經雌圖一卷別叙者叙孔子所生及弟子從學之事新義者以越王爲問目皇靈述延年辟穀雌圖載日食星變皆不經之說宋太祖建隆初昭遣使朝貢昭卒子伷立伷卒弟治立先高麗遣國人金行成崔罕王彬等詣業國學

後俱登第於是朝貢不絶請命受封如常無何遣使言契丹寇境宋以夷狄相攻固其常不可輕動干戈爲國生事使還自是受制於契丹朝獻中絶矣治卒弟誦立誦卒弟詢立會契丹攻陷高麗六城詢徙居避之尋結女眞設奇邀擊殺戮契丹殆盡勢稍得振於是復入貢焉因言爲契丹羈制之狀宋厚答之詔登州置館於海次以待使者詢卒其後不通中國者四十餘年至詢孫徽立輒遣使入貢表求醫藥畫塑之工詔募願行者往高麗俗病不服藥惟呪阻厭勝故不知醫自徽來請醫後始有通其術者宋以其國

尚文每賜書詔必選詞臣著撰所遣使者必召赴中書試以文乃往而高麗之待中國使者亦甚恭謹云徽在位三十八年而卒治尚仁恕稱爲東夷良主然猶循其俗王女不下嫁臣庶必歸之兄弟宗族貴臣亦然次子運諫以爲既通上國宜革故習不從及運嗣遂稍稍變其夷風矣運仁賢好文每賈客市書至則潔服焚香對之貢使至輒市太平御覽文苑英華幷諸書甚衆運卒凡四傳而楷立貢使接踵賞賜不貲而郡縣供頓擾民殊甚蘇軾謂高麗入貢無絲毫利而有五害旨哉言也高麗自王徽以降雖累年通

使於宋然受契丹封册奉其正朔上朝廷及它文書
蓋有稱甲子者歲貢契丹至於六而誅求不已常云
高麗乃我奴耳南朝何以厚待之使至其國尤倨擧
館伴及公卿小失意輒行捽箠我使至必假他事來
覘分取賜物三之初女直奴事高麗及其強也高麗反
臣事之高宗卽位初卽遣胡蠡等往使高麗宋蓋恐
其通金人而金亦以是時遣王樞持册往高麗則亦
憂其爲我用也蠡回復募能使絶域者而楊應忱奉
詔請行上言由高麗至女眞路甚徑請身使三韓結
雞林以圖迎二聖詔可遂由杭州浮海行三月抵高

麗諭其王楷以往女眞意楷有難色遣其臣具言金人見造舟將往二浙若引使者至其國𢍰時欲假道至浙何以答之高麗之辭果如宋臣翟汝文所料者應恍留兩月餘楷終不奉詔不得已受其拜表而回自三韓發舟凡六日至明州蓋遇順颸故歷險如夷云後高麗亦輒遣使入貢然勢逼於金其奉中國不及元豐以前時矣及元初契丹人六哥等領衆九萬餘竄入其國元太祖遣哈只吉劄刺等領兵征之高麗王缺名奉牛酒出迎且遣其將趙冲共討滅六哥劄刺與冲結爲兄弟冲請歲輸貢賦自是後元每遣使

趣其入貢而後進方物焉元太宗時征高麗復遣撒兒秃與高麗降人洪福源招其主王瞮瞮遣其弟王倎請和許之置京府縣以達魯花赤七十二人監之遂班師頃之瞮盡殺元所置達魯花赤七十二人以叛尋率衆竄居海島元遣將命福源領其衆瞮復攻之福源遂遷居東京而元賜佩金符命同將唐古攻瞮瞮於是畏威獻琛矣至乎憲定之間歲貢不入元凡四命將征之瞮遣世子禃入朝瞮卒元命禃歸國嗣王兵衛送之禃以元冊封故終世祖之三十一年其國入貢者凡三十有六焉是時元欲通日本以

高麗與日本鄰可爲鄉導乃遣兵侍黑的等使日本先至高麗諭旨禃遣使導往日本不至而還元與高麗從此隙矣而其歲貢如故也後禃世子愖入朝奏言本國邪臣林衍廢禃立淐之事元大怒發兵征之而復王禃故位詔西京內屬改爲東寧府禃死子愖立後更名昛以尚元公主故賜以駙馬高麗王印而加號特進上柱國開府儀同三司征東行中省左丞相駙馬高麗王云成宗時哈散使高麗還言昛不能服其衆宜遣官共理之遂復立征東行省命闊里吉思爲高麗行省平章政事未幾復罷而奉命滋謹矣八

朏卒凡三傳而王昺嗣王氏自建立國至昺凡二十八王歷四百餘年云　我朝洪武二年王王顓表賀即位遣符寶郎偰斯賜金印誥命大統曆金綺封爲高麗國王并賜王母妃相國諸陪臣文幣有差仍以祝文牲帛祭高麗境内山川云未幾復遣陪臣金桂來朝桂頗知書出清宴閣讌記自言其八世祖金緣所作乃宋徽宗讌蔡京事不知蔡京爲中國所鄙云五年王顓遣其禮尚吳季南等貢方物表言暹羅國侍其險遠不奉朝貢蒙古人留居其國宜從之蘭秀山逋逃所聚亦恐爲寇患乞發兵討之　上賜璽書

言暹羅隸爾國蒙古亦人類關秀山蒲寇宗以朕詔
一呼可至勿用兵便十年以高麗貢使頻數遣故元
樞密使延安答里諭意顓遣使姜仁裕表謝貢方物
十七年　上因高麗使來不遵臣禮以賄結逆臣胡
惟庸事覺遣其使還以勑諭遼東守將唐勝宗葉昇
令絕高麗未幾高麗果遣使至勝宗昇以聞　上復
以勑褒獎之二十年遼東守將濮眞以高麗叛服不
常引兵攻之兵敗被執自刺死顓懼上表請罪歸眞
喪顓卒封禑爲高麗王非顓親子國人所共立也二
十二年指揮高家奴等市馬高麗還言高麗王禑表

請不受馬直　上令擇可用者以直償之餘駑弱者量減其直仍勑高麗還遼陽瀋城民昔避亂於其國者禑遂遣使以遼瀋流民奈朶里不歹等戶四十五口三百五十人來歸頃之國相李仁人廢禑而立王昌仁人子成桂復廢昌而立王瑤久之竟廢瑤而自立也王氏自五代至今數百年傳而始絕成桂遣人請命　上以其遠夷故置不問成桂更名曰旦徙居漢城遣使請更國號詔更號朝鮮旦遣使請印誥　上覽表怪曰不遜詰使者使者言表鄭集撰　上盡卻方物索集曰懼送集至京安置雲南自是遂令遼東絕

高麗矣永樂初旦請老子芳遠嗣聞朝廷欲廣屯田於遼東遣使貢牛萬頭於遼東命戶部每牛一頭酬絹一疋布四疋賜其王文綺表裏各百疋仍勅以其牛分給屯田芳遠卒子裪嗣遣使貢海東青詔諭裪珍禽異獸非朕欲也其勿獻以後聖旦元旦及請封慶弔使來無常期而朝廷有大政頒詔其國及王嗣封亦皆遣使焉至嘉靖中王李峘疏乞改大明會典中所載成桂簒逆事從之其地東西相距二千里南非四千里分八道統府州郡縣俗崇釋尚鬼惡殺戴折風巾服大袖衫男女相悅爲婚死三年始葬親不

祝殮病不服藥好祀鬼神修宮室飲食用俎豆官吏閑威儀以田制俸以秔醞酒法無苛條刑不慘毒其譯語天爲昤嫩二地爲大日爲害月爲得其山川古蹟則九都山伊夷模建都於此神嵩山王建都於此北嶽山李旦依此山爲都蓋馬大山郎古東沃沮國地鴨綠江源出靺鞨之長白山色如鴨頭綠故名濶三百步大通江郎淇水也爲大其產則白硾紙狼尾筆海豹皮稍魚昆布蒲花席草性柔折屈不損摺扇以竹多爲貴黃漆漆物如金果下馬高三尺長尾雞尾長三尺紬苧布黑白二色石燈盞紅白二色俱他國所無者

論曰朝鮮肇自箕子故稱東方君子之國及衛滿篡

入風稍變矣句驪併之遂益淩夷然性柔謹好文字至今猶然豈非箕子之遺化耶若漢之右渠晉之高宮隋之高元唐之蓋蘇文代爲作逆雖窮兵討之猶未帖然宋名通貢而實奴事契丹元以兵威劫之納獻請封非其意也至我 聖祖登極未幾王顓奉表稱臣累葉朝請遂爲定典適視前代不大相逕廷耶

女直

女直東夷也古肅愼氏在漢爲挹婁在元魏爲勿吉唐爲黑水靺鞨宋爲女眞避契丹王諱更名女直今因之昔武王克商通道於九夷百蠻使各以其方賄

來貢而無志職業於是肅愼氏來貢楛矢石砮其長
尺有咫王以分大姬配胡公而封諸陳漢興以後挹
婁臣屬夫餘種類小而强健夫餘責其租賦重以魏
黄初中叛夫餘數伐之弗克也善弓矢便乘船寇盜
鄰國畏之魏末貢楛矢石砮弓甲貂皮之屬晉元成
間通貢頃之復貢於石虎虎問之答曰每候牛馬向
西南臥者三年矣是知有大國所在故來入貢馬至
元魏時有勿吉者凡七部落而黑水部最强即肅愼
氏也延興以後貢使相尋隋開皇初靺鞨遣使貢獻
文帝因宴勞之使者及其徒起舞曲折多戰鬭狀帝

曰天地間有此物常作用兵意也後煬帝與高麗戰
輒敗其渠帥突地稽率其徒從毎有戰功隋拜爲光
祿大夫居之柳城未幾遯歸唐太宗征高麗靺鞨佐
之甚力駐蹕之役高延壽高惠眞以衆及靺鞨兵十
餘萬來降太宗悉縱之獨坑靺鞨三千人玄宗時其
酋倪屬利稽來朝拜爲勃利州刺史遂置黑水府以
部長爲都督刺史賜姓李唐置長史監之訖唐世貢
使相尋獻物有鯨睛貂鼠白兎石砮楛矢亦奇物也
貞元後渤海强盛靺鞨皆役屬之遂不與王會矣渤
海者本粟末靺鞨初附高麗高麗滅遁天中有舍利

乞乞仲象者與靺鞨酋乞四比羽及高麗餘種東奔樹壁自固武后詔封比羽許國公仲象震國公俱拒不受唐遣將李楷固斬之時仲象已死其子祚榮因并比羽之衆自號震國王盡得夫餘沃沮弁韓朝鮮諸國地嘗通貢唐朝睿宗封爲渤海王自此遂稱渤海國云祚榮死以後叛附無常然數遣諸生詣京師太學習識古今制度故郡邑官號章服多倣中國者至阿保機興數侵擊之勢遂不振後唐時黑水兀兒及胡獨鹿兩部酋長遣使朝貢後不復見而女直之名始通中國云種類不一有生熟女直有黃頭女直

生女直及黃頭女直勢微終未强盛惟熟女直僻處
契丹東北隅臣服一百餘年世襲節度使自宋建隆
以至天禧貢使不絕契丹怒其朝貢中國遂於海岸
置三柵柵置兵三千絕其貢獻之路女直乃汎海入
朝求發兵與三十首領共平三柵太宗不爲發兵後
契丹征高麗道由女直女直遂與高麗合兵拒之大
敗契丹自是女直勢稍振矣相傳宋初有亟普者新
羅人也年六十餘別其兄阿古迺而與弟保活里適
女直居於完顔部僕幹水之涯久之完顔部人有殺
其族人者兩族交鬬衆莫能解亟普乃往諭解之部

衆信服謝以青牛一幷歸以六十之女亟普以青牛爲聘而納之後生二男長曰烏魯次曰斡魯一女曰思板其後爲金之始余觀松漠記聞所載金人歷代祖無亟普之名第云完顏氏所妻六十女生二子長曰胡來而宋史所載其酋有龕福者凡五傳而至胡來二說雖異大抵胡來乃阿骨打四世祖也阿骨打之父曰楊割者能用其人强於諸部遼主洪基時識者知其必爲東方之患乃楊割多持金珠駔駿歲時遺賂契丹用事臣如是者十餘年楊割死子骨打立先是女直歲以海東青貢於契丹契丹酷愛之誅求

不已國人厭苦及遼主延禧嗣位責貢尤苛至遣鷹
坊子千餘越長白山羅取歲甚一歲不勝其擾凡銀
牌天使至女直必欲薦寢者初輪中下戶室女待之
後不論其有夫及閥閱高者於是女直人人有畔志
遼俗春冰泮時遼主必至女直地鑿冰釣魚放弋爲
樂女直人各以其所產來獻量輕重而打博謂之打
女直是時延禧釣魚於混同江凡女直酋長皆來會
酒酣命諸酋歌舞爲樂骨打獨端立直視辭以不能
延禧欲誅之遼臣蕭奉先諫乃止頃之骨打遂叛以
同族粘罕胡捨爲謀主銀朮割移烈婁宿闍母等爲

元帥其軍法五十人爲一隊前二十人被重甲持戈矛後三十人輕甲操弓矢每遇敵則兩人躍馬而出觀陣虚實然後四面結陣馳擊百步之外弓矢齊發勝則整陣緩追敗則復聚而不散其分合出入應變周旋人自爲戰時延禧暴虐將士離心又輕女直兵故女直甫起即五敗契丹師契丹大怒下詔有剪除之語骨打聚衆以刃務面仰天而哭曰契丹欲盡剪除汝輩不如殺我一族而降可轉禍爲福耶諸酋拜曰願以死戰無何破乾顯等州復得遼東長春兩路始用鐵州降人楊朴議進稱皇帝國號大金以其地

產金故也而追尊龕福以下皆爲帝宋聞女直得遼陽地童貫議欲倚之以復燕詔趙良嗣往聘約夾攻契丹取燕雲骨打許諾遂議歲幣如契丹舊數明年金人取中京至古北口延禧奔雲中居夾山而朔應諸州皆陷金遂入燕會燕王淳已死妻蕭后遁出奔宰相左企弓等迎降宋命趙良嗣等報聘金人但許燕薊六州而猶欲自取六州租稅良嗣還復往議至再三竟於契丹歲幣外增一百萬緡而求西京明年童貫蔡攸入燕燕之子女玉帛職官富室皆席卷而東所得空城而已骨打死弟吳乞買立是時中京被

圍延禧敗困遂奔西夏夏畏女直之威不敢納又以未幾杖林擄孥不敢奔宋遂走小鞨鞡復不納延禧勢窮乃夜囘欲之雲中未明遇婁宿軍婁宿下馬捧觴天祚前擒之俘以還封海濱王處之東海上契丹遂亾無何金人入寇取朔武忻代四州遂圍太原明年圍京師宋遣使約割太原中山河間三鎮之地以康王構少宰張邦昌爲質發內帑金帛數萬皆從金人之請也初李綱請伐金欽宗不聽金人銜綱宋遂罷綱以謝金人而金之猖獗自如也無何李綱復用下令能殺敵者厚賞衆無不奮躍金人懼稍稍引却

及欽宗詔往許三鎮地金人退師种師道請乘其半濟擊之帝不許師道曰異日必爲國患呂好問亦曰金人得志益輕中國禦敵之備當速講求而帝終弗聽也未幾金將粘沒喝斡離不分道入寇尋圍京城宋將郭京范瓊等禦之不能克京城遂陷帝聞城陷慟哭曰不用种師道言以至於此於是遂遣使割地矣金復索金帛甚急且邀帝至營帝有難色而何㮚李若水力勸帝行如靑城吳乞買得帝降表遂廢帝及太上皇爲庶人更逼帝及上皇易服若水抱帝而哭詆罵金人不絕口竟以裂頸斷舌而死議者謂若

求是舉也足以釋其勸帝出城之罪矣頃之金人立張邦昌爲帝而擁二帝及太子后妃宗戚三千人北去宋臣遂共奉康王即位而邦昌退位爲太保焉時陝西山東河南淮陽相繼陷沒而高宗建國臨安雖有宗澤張浚岳飛諸將勢稍得振久之澤卒浚飛爲秦檜所排故地於是不復矣及乞買卒凡八傳而守緒立是時蒙古鐵木眞稱帝首謀伐金凡攻城對敵所向皆克及金奔汴蒙古已取城邑凡八百六十有二遣使命金去帝號稱河南王彼此罷兵金主不從蒙古遂決意滅金鐵木眞其次子窩濶台立金遣使來

歸賜帝曰汝主久不降使先帝老於兵間吾豈能忘也賜何爲哉却之敕蒙古民有馬百者輸牝馬一牛百者輸牸牛一羊百者輸粉羊一爲永制始置倉廩立驛傳命河北漢人以戶計出賦調耶律楚材主之西域人以丁計出賦調台沒的滑剌西迷主之遂與宋合兵擊金金主守緒懼遣使往宋借粮曰唇亡齒寒我滅勢必及宋矣宋不許時圍城甚急守緒遂傳位於東面元帥承麟承麟固讓守緒曰我以肌體肥重不便鞍馬馳突卿平日趫捷有將略萬一得免祚胤不絕此朕志也承麟因即帝位百官賀畢亟出捍

敵而南面巳立宋幟俄頃四面呼聲動天地守者棄門元兵入守緒自縊承麟亦爲亂兵所殺金亾而餘衆得脫者或奔歸女直故地元即其地設開元路領咸平府隷遼東宣慰司咸平乃古箕子所封地也

我朝永樂九年遣將駕巨艦至混同江上召集諸酋豪餌以官賞於是東旺佟等四酋率衆降始設奴兒干都司以四酋爲都指揮賜勑印又置衛一百八十四所二十諸小酋爲指揮千百戶鎮撫官令三歲一貢仍置馬市覊縻之種類不一建州居中最强地最險虜人視爲咽喉本渤海遺孽喜耕種緝紡飲食衣

服頗有華風其近松花江者曰山夷皆山居卽黄頭女直又北抵黑龍江曰江夷卽生女直亦有室廬海西山夷卽熟女直金人之遺種也永樂初專事撫綏諸夷漸爲邊患一歲間入寇者九十七殺虜吏民十萬餘正統景泰時附也先入寇勑印盡亾諸子孫不得請官以舍人、入貢賞賜大減以故怨忿思叛成化二年酋董山遂糾衆入寇我遣趙輔王英等討之山降送京師誅之稍平未幾諸夷欲報山仇入寇而巡撫陳鉞欲掩降虜爲功又附汪直開邊隙出塞撲殺諸夷諸夷益大憤入塞殺掠無算遣馬文升往撫定之諸酋遂解散直怒誣文升下詔獄謫戍重慶嘉靖間巡撫於敖減賞賜夷人大恨因數入塞遼東西大困自是邊衛益嚴稍無虞矣其俗勇悍喜戰鬬耐饑渴善射騎上下崖壁如飛濟江河不用舟楫浮馬而渡好畋獵兔見野獸之蹤躡而求之能得其潛藏之所又以樺皮作角吹作呦呦之聲呼麋鹿而射之土氣極寒常為穴居以深為貴好養豕食肉衣皮有狗車木馬輕捷之便狗車形如船以數十狗拽之往來遍運木馬形如彈弓擊足激行可及奔馬嗜半生米飯漬以生狗血嗜酒醉則縛之不爾殺人其父母若

春夏死則埋之以其所寵奴婢所乘鞍馬殉葬秋冬死則以其尸餌貂故亦用是多得貂馬其親友死則以刀剺額血淚交下謂之送血淚盜禁甚嚴惟正月十六日弛禁偷一日以爲戲宋以前其國君民同川而浴肩相摩於道民雖殺雞亦召其君同食不知紀年但以草一青爲一歲以豕膏塗身以溺洒手面作厠於中環之而居東夷中最無儀法者也及金人入中國後稍稍變其風焉其譯語天爲阿瓜地爲納日爲受溫月爲別阿門其山川最多長白山顛有潭周八十里南流爲鴨綠江北爲混同江東爲阿也苦河禽獸皆白太山俗甚敬畏之過者不得咳嗽有熊猴不害人人

形不敢殺之爲大其產則赤玉紅如雞冠即瓊也殊角即海象牙魴鬚
明熒可爲簪鯨睛鯨魚目睛也即明月珠諸鷹種類不一惟海東青爲貴虎羆狐
皮有黃黑白三種失刺孫即土豹好刺即各色鹿海豹叢居水涯常以一豹護守
如雁奴之屬其皮可飾鞍褥海牛紫色無角龜足鮎尾見人則飛入於海膏可燃灯皮可爲弓鞬
海驢常於秋日登島產乳製衣爲雨具水不能潤海狗大如猫其腎爲補助妙藥野猪野
驢野牛皆出山谷中者魚獸名似猪其皮背斑文腹下純青可爲弓箭矢服牛魚形如
牛長丈餘重三百斤無鱗骨肉脂相間味極佳海人剝其皮懸之其尾隨潮以爲起伏海人魚
形渾如人髮如馬尾皮肉極白陰形與男女無異土人鰥寡多畜之池沼中交合與人無異亦不傷人
水母一名蒲樗魚正白濛如沫無腹臟頭目二蝦負之其行如飛文林郎果也狀如李出
建州爲奇

論曰昔周德甚盛肅愼氏第間一入貢爾猶且頒其賂物訓示後人蓋難之也在漢唐時挹婁靺鞨最小及女直滅遼勢遂强大竊據中原僭號天子而元乘其衰弱始能滅之然其故地酋長偃然南面自如也至我 國家未煩介卒不費斗糧徒以 聖詔一呼歸命納土遂設衛所定貢額永爲東北藩籬殆德過成周遠矣

日本

日本古倭奴國在大海中於閩浙爲東北隅漢滅朝鮮通使稱王者三十餘國初王都筑紫日向宮名御

天中主次曰天材雲尊其後王遂皆以尊稱凡二十
三世彥瀲尊少子神武天皇遷都太和州彊原宮其
後王遂以天皇稱建武初倭奴國奉貢朝賀光武賜
以印綬至桓靈間倭國大亂歷年無主有一女子名
曰卑彌呼年長不嫁能以妖術惑衆於是共立爲王
法甚嚴峻侍婢千人少有見者惟一男子傳令而已
曹魏時旣平公孫氏倭女王遣大夫難升米等來貢
獻魏以金印紫綬封卑彌呼爲親魏倭王難升米等
並拜中郎校尉自是貢使往來相尋矣女王死更立
男王國人不服相攻擊不休復立卑彌呼宗女壹嗣

爲王亂遂定壹立朝獻如初後復立男王並受中國
爵命歷晉宋齊梁朝聘不絶晉宋時倭王名讚讚殁
有名珍名濟名興名武者其世次皆有可考至隋開
皇中倭王姓阿每字多利思比孤遣使詣闕上令所
司訪其風俗使者言倭王以天爲兄以日爲弟天明
時出聽政跏趺坐日出便停理務云委我弟文皇曰
此太無義於是訓令改之大業初復遣使朝貢使者
曰聞海西菩薩天子重興佛法故遣朝拜兼沙門數
十人來學佛法其國書曰日出處天子致書日沒處
天子無恙云云帝覽不悅謂鴻臚卿曰夷書有無禮

者無復以聞明年遣裴世清使倭度百濟所歷有秦王等十餘國惟秦王國其人同於華夏云先秦時遣方士徐福將童男女數千人入海求蓬萊仙不得懼誅止夷亶二州號秦王國世屬倭奴世清至倭王遣使數百人設儀仗鳴鼓角來迎既入其都國王多利思比孤與世清相見大悅曰我聞海西有大隋禮義之國故遣朝貢今清道餙館以待大使冀聞大國維新之化世清曰皇帝德竝二儀澤流四海故遣行人來此宣諭世清居倭未幾王命使隨清入貢唐貞觀中遣使朝貢唐亦遣新州刺史高仁表往諭之與王

爭禮不平不肯宣天子命而還久之其王孝德即位自孝德上至多利思唐書具載有姓名獻琥珀大如斗瑪瑙若五升器時新羅爲高麗百濟所暴高宗賜璽書令日本出兵援新羅孝德死二傳而天智立遣使者與蝦夷人偕朝蝦夷人亦居海島中其使者鬚長四尺其髮上指善弓矢珥箭於首令人戴瓠立數百步射無不中者天智死子天武立死子總持立咸亨初遣使賀平高麗後稍習夏音惡倭名更號日本使者自言國近日所出以爲名或云日本小國也倭併之故冒其號云長安初遣朝臣眞人粟田貢方物朝臣眞人者猶唐

尚書也冠進賢冠頂有華蘤四被紫袍帛帶其國初無冠於隋得所賜冠始制焉亦無文字刻木結繩於百濟國得佛書始制焉栗田好學能屬文進止有容武后授以司膳卿官還之開元初栗田復朝請從諸儒授經詔四門助教趙玄默即鴻臚寺爲師後悉所賞物貨書以歸其副朝臣仲滿慕華不肯去易姓名曰朝衡授以官職久之多所該識乃還後復入朝擢官如故建元初遣眞人興能來貢善書其紙似蠒而澤人莫能識也時王名白壁自總符後女王二男王五至此凡八傳矣貞元末王栢武遣使入朝其胄子

矯免勢願留肄業歷二十餘年使者來請免勢等還
詔然之大中中日本王子來朝獻寶器音樂王子善
圍碁出楸玉局冷暖玉碁子楸玉文如楸木琢之爲
局光潔可愛其玉碁子不由制度黑白自然冬溫夏
暖故名至宋雍熙初日本僧奝然與其徒五人浮海
而至獻銅器十餘事并本國職員令年代紀各一卷
奝然善隸書而不通華語問其風土但書以對書言
國王世以王爲姓文武官僚亦然所載世次名號甚
詳第王世姓王氏與本史阿每氏者不同奝然之來
也帶有孝經一卷越王孝經新義各一卷皆金縷紅

羅褾水晶爲軸孝經即鄭氏註者越王乃唐太宗子越王貞新義者記室參軍希古等撰也裔然求印本大藏經詔給之後隨台州商人船還其國數年遣弟子奉表來謝表辭頗工大略云傷鱗入夢不忘漢主之恩枯骨合歡猶亢魏氏之敵裔然誠惶云云望落日而西行十萬里之波濤難盡顧信風而東別數千里之山嶽易過得觀宇内之瓌奇敢辭荒外之跋涉遂使蓮華廻文神章出於北闕之北貝葉印字佛詔傳於東海之東伏惟陛下恵溢四溟恩高五嶽世超黄軒之古人直金輪之新在彼在斯只仰皇猷之盛

越山越海敢忘帝德之深脩然縱粉百年之身何報
一日之惠染筆拭淚伸紙搖魂上奏賜物遣歸咸平
初建州海賈周世昌遭風飄至日本凡七年得還與
其國使至世昌以其國人倡和詩來上其詞彫刻膚
淺無足取也景德初僧寂照至熙寧間僧誠尋至宋
待之加厚賜紫方袍自是連貢方物而來者皆僧也
淳熙以後明州秀州泰州等地往往有日本海船為
風泊而至者其人衆無戶食或行丐於途中上聞詔
勿取其貨仍給常平米贍恤之候便風遣歸國宋亾
終元之世不肯奉命元遣使黑的趙良弼等幷高麗

使往諭之不至遂遣將忻都范文虎及高麗將洪茶丘等往征之至五龍山暴風破舟全軍皆沒而日本竟不至也及國初　高皇帝即位方國珍張士誠既滅諸豪悉航海糾島賊入寇以故洪武時數寇山東浙福蘇松沿海諸郡遣行人楊載招諭之其使未至於是復遣萊州同知趙秩賜璽書諭其王良懷秩至宣言中國威德責其入貢良懷以元嘗使趙姓者往欲襲之今秩復趙姓意將襲已以謾語答之命左右刃秩秩不為動徐曰聖天子生華帝華非蒙古比爾殺我禍不旋踵我朝之兵天兵也無不一當百其戰

艦蒙古之戈船百不當一況天命所在人孰能違良懷聞之氣沮股栗禮秩有加尋遣僧祖義隨秩奉表稱臣入貢來朝然其剽掠如故也十五年明州備倭指揮林賢交通樞密使胡惟庸謀叛令日本使僧如瑤詐稱朝貢獻巨燭內藏火藥兵器伏精兵貢艘中計以表裏挾上即不遂掠庫物乘風而遁會事露悉誅而發僧使於陝西四川各寺中著訓示後世絕不與日本通於是遣信國公湯和江夏侯周德興等沿海規畫自南直隸山東浙江福建廣東西咸置行都司以備倭爲名犬牙盤錯矣永樂初太監鄭和等齎

賞下西洋諭諸海國日本首先歸附遣人來貢并擒
獻犯邊賊二十餘人即付使人治之縛至甑中烝炙
詔厚賚之封其鎮山曰壽安鎮國山 上爲文勒石
賜勘合百道與之期期十年一貢無何三千人犯遼
東爲總兵劉榮所破殺無噍類榮封廣寧伯自是歛
迹不敢大爲寇而小小抄盜亦不絶出沒海中得間
則張其戎器而肆侵陵不得間則陳其方物而稱朝
貢菌載而歸以爲常矣至正統中乃入桃渚犯大嵩
刧倉庾燔室廬賊殺百姓積骸流血如陵谷縛嬰兒
於柱沃之沸湯視其啼號以爲笑樂捕得孕婦則計

其孕之男女剖視以賭酒荒淫慘毒不可勝言嘉靖初其主源義植幼冲不能制羣臣右京兆大夫高貴使宋素卿貢亡何左京兆大夫內藝興遣宗設貢咸强請勘合後先至寧波爭長不相下宗設衆盛於宋素卿遂攻敗之追北至紹興躪諸郡縣殺掠以千計都指揮劉錦及千百戶等官遇之皆死後有詔旨諭且下宋素卿獄始肯聽徐徐解自是倭奴嘯聚益繁桀驁孔熾而閩浙無賴之民爲之嚮導覘我虛實以故敢於深入而中國亡命者若王直徐海毛海峰之徒踵海聚衆變服稱王糾合倭船往來行賈而奸商

猾民覩其利厚私與互市違禁器物咸托官豪庇引黠者又多取其奇貨匿去莫酧舶人怒輒肆殺害公行剽掠於是吳粤之民食不暇炊臥不安枕農夫釋耒紅女寢機甚則族類離散逃竄別邑或父子老弱係虜相隨於路其攻傷者首身分離暴骨草澤頭顱僵仆相望於境沿海郡縣幾爲丘墟其禍慘於正統時矣事聞　朝廷慮之乃特設閩浙巡撫開軍門聽以軍法從事而所用撫臣朱紈素潔廉勇於任事往則日夜練兵甲嚴糾察上章纍二三勢豪通番狀竟爲勢豪詆劾以擅殺逮紈紈恚自殺其所置副使柯

裔都指揮俞鏜諸能任事有功者皆論死繫獄乃罷巡撫不復設而舶主土豪益自喜爲奸浸甚官司視以目莫之禁矣頃之賊犯台州破黃巖象山諸邑議復設提督都御史用王忬爲之忬經略稍有斬獲賊於是移舟而南犯蘇松二郡無何忬改大同乃以李天寵代忬而兵尚張經督其事時中外忻忻謂賊旦夕可平會工侍趙文華以海道猖獗請禱海神遂遣文華往禱公私勞費不貲皆歸囊橐而文華素忌經經亦以材望自負文華恚則疏連劾經謂其才足辦也特家閩避賊讐故嚄唶縱賊爾 上怒甚趣使捕

徵經經時已大破賊於嘉興斬首三千級溺水死者稱是兵科言宜留經以賊平自効不聽併巡撫李天寵皆論死文華既已攘其功即奏超巡按御史胡宗憲代天寵督臣亦有更置由是中外文武皆束手斂迹惴惴重足立憂不在倭矣文華俄還朝進太子太保工部尚書而宗憲亦遂以兵部侍郎總督無何徐海入寇圍巡撫阮鶚躪浙地告急疏上趙文華請出督許之乃與宗憲誘徐海降而合兵掩捕平之徐海死進文華少保宗憲亦遷右都御史又明年獲王直王直者故徽人也以事亡海上後爲舶主頗尚信有

盜道雖夷王亦愛服之有徽人羅隆文者豪俠士也故與直相識宗憲乃馳書命隆文往說之隆文至直所適直船中有二女見隆文泣數行下卽之則隆文故妓爲寇所虜也隆文密使二妓先諭意明日謁直直大喜相敘讙若生平隆文曰朝廷不以足下作逆之故壞汝廬墓戮汝親戚德意良厚今總督胡公吾黨人也倘能效順投款盡殲夷醜以安百萬生靈足下之功良厚胡公必奏授足下官職高爵厚祿榮歸故鄉不猶愈於寄身海島朝不謀夕使萬世而下有逆賊之名乎直聞之神搖色動猶未決會二妓耳語

反覆勸之甚亟直瞿然曰願以死贖罪遂從隆文詣督府宗憲大悅優禮之即具狀聞廷議以直元兇不可赦棄市而餘黨數萬復寇淮陽遂越如皋趨泰州勢甚熾時淮陽巡撫李遂多智略度賊無渡謀若以計詒之東至廟灣可以決勝乃命防海副使劉景韶參將丘陞守黃橋諸路而身當泰州之衝露宿野次激勵諸將士期以死戰士皆踴躍奮呼數合賊退却果從富安沿海堤掠而東遂喜曰賊在吾彀中矣復命景韶陞誘賊致廟灣縱兵擊之賊大敗無何賊自三沙至景韶陞與戰陞中鋒死景韶乃并陞衆遂又

飭諸路兵擊之賊復大敗賊間道奔劉莊裨將劉顯聞賊據劉莊乃奮勇躍馬而前而景韶鼓其後遂擒劉莊賊潰追及白駒場賊無一人得免者捷聞進遂南京兵侍景韶浙江按察使自宗憲遂屢捷之後於是浙西江東稍得安然而溫台閩廣如故也至四十年賊破興化等郡縣巡撫譚綸總兵戚繼光募浙兵大剿平之自是舷艤一新武衛稍振而旁海諸郡始免倭患云其地去閩浙近去遼東遠故今入貢者不從遼路國內有五畿三島七道六十五州六百餘郡屬國百餘總以倭名曰拘邪韓（方五百里在新羅百濟東）曰對海

方四百里多溪林竹禽鹿成羣户無良田食海物自活曰瀚海方三百里多竹木差有田地食亦不給市糴他國曰末盧户四千餘草木茂盛行不見前人好食魚鰒數十丈之下亦没取之曰伊都曰不彌户俱千餘曰奴國曰投馬户俱三五餘曰邪摩維即今倭王所都曰秦王見前其餘諸國小者百里大者四五百里俱有名不盡録各自專擅不相統攝其來寇者不知爲何國也土氣温煖宜禾稻麻桑無牛馬虎豹羊鵲兵有弓楯木弓竹矢或以骨爲鏃人性嗜酒多壽考其至百餘歲者爲常男女相悦爲婚人皆多妻不淫不妒又俗不竊盗少爭訟犯法者没其妻子大者滅其門户其死喪無異中國灼骨以卜吉凶用中國古錢千

咸賓録卷之二　三三

文價銀四兩惟不用開元永樂二種來寇多在清明重陽之後時多東北風久而不變故防寇者以三四五月爲大汛九十月爲小汛過此則不利於行矣若渡海時令一人不櫛沐不食肉不近婦人名曰持衰若在途吉利則予以財物如疾病遭害以爲持衰不謹便共殺之男子魁頭斷髮黥面文身婦人披髮跣足閒用屨信巫好戲重儒敬佛其接見以蹲踞爲恭以搓掌爲悦飲食籍以槲葉手餔之或間用籩豆坐臥無几案牀帳編草爲薦文皮爲表席地坐臥其喜盜輕生好殺天性然也其譯語天爲唦喇地爲只目

爲非祿月爲讀急與日本考畧譯語不同其山川壽安鎮國山永樂初衛製賜刻碑阿蘇山山石無故火起接天云其上有夜光珠其產如意寶珠青色大如雞子夜有光云魚目精也青玉硯扇細絹漆器俱極精巧金桃實重一斤爲奇

論曰日本東海中大國也自後漢以來世世朝獻迺至元時獨絕葢亦恥爲虜下意云及元攻之不克志亦寢驕國初招之業已奉貢稱藩矣而寇掠如故太祖慮之乃絕其内欵禁其互市瀕洋環島羅衛布堠而嚴爲之防遴哉　聖謨貽謀深矣然久之安而忘危玩以生寇亭障弛而不設舳艫敝而不修倭奴

乃乘間竊發始則歲旱薦饑奮臂掠食捄死扶傷而已逆後覘我阨塞諳我虛實遂至隳城屻邑斬將殺吏積尸成林蕭條千里顧不痛哉　皇上震怒委任重臣疇咨良將恩甚渥也然倭以烏合之衆航海而來勇略既疎背糧亦乏而我以百萬熊虎之士坐而制之是彼爲肉我爲斧謂宜詘指當以吉語聞也奈何騷然荼毒連年不解者其故何哉蓋立功顯名相成者什一而相傾者什九也昔當　皇上之特設督撫也首用朱紈事未竣而爲勢豪抵於法次用張經李天寵事未竣而爲貴臣抵於法自是朝臣結舌邊

將斂手而倭奴益得志矣人徒知倭寇之來胡惟庸爲亂首而豈知彼嫉賢誤國者罪亦不下胡惟庸也即有微功安足贖其罪哉曩非李遂譚綸戚繼光等前後勦平之事猶未可知矣

琉球

琉球東南海中大國也漢魏至唐宋不通中國隋煬帝令朱寬入海求訪異俗得河蠻言知有琉球遂與河蠻俱往其國言語不通掠一人而返明年令寬往撫之不從取其布甲而歸於是遣將陳稜等討之至其都焚其宮室虜其男女千餘人并雜物產得金荆

橘木數十斤色如眞金甚香遂班師歸是時其王姓
歡斯氏名渴剌兜不知其由來有國世次也自陳稜
攻破之後絕無聞琉球旁有毗舍那者小夷也烏語
裸形殆非人類宋淳熙間其國之酋豪嘗率數百輩
猝至泉之水澳圍頭等村肆行殺掠性喜鐵器及匙
筯人閉戶則不入但刓其門環而去擲以匙筯則俯
拾之可緩數步見鐵騎則爭刓其甲遂騈首就戮而
不知悔臨敵用鏢鎗繫繩十餘丈爲操縱葢愛其鐵
不忍棄之不駕舟楫惟縛竹爲筏可摺疊如屏風急
則羣舁之浮水而逃此夷之最小而險者也元至元

中海船副萬戶楊祥請以六千軍往降琉球不聽命則遂伐之元主從其請繼有書生吳志斗者上言生長福建熟知海道利病若欲收附且就彭胡發船往諭相水勢地利然後興兵未晚也元遂命楊祥吳志斗阮鑒等並給金銀符往使琉球竟不能得其要領而還及元貞初遣鎮撫張浩等討之禽生口百餘竟不服也我　朝洪武初遣行人楊載招諭日本還復遣往琉球琉球遣使者隨載入朝貢獻詔所貢方物俱於福建行省驗入頃之其國分中山山南山北稱三王各遣使請命詔賜中山王察度山南王承宗山

北王帕尼芝印幣永樂中中山王思紹遣使入貢表言長史王茂中國饒州人也輔臣祖察度四十餘年不懈於職今年已八十請命還鄉從之中山王遣子侄及其陪臣子弟入國學上喜禮遇獨優賜閩人三十六姓善操舟者令往來朝貢三王嗣封皆請於朝以爲常至景泰時山南山北爲中山王尚思達所并遣使朝貢嘉靖初國王尚眞卒世子尚清上表請封我遣給事中陳侃行人高澄往冊尚眞并封尚清中山王至閩尚清遣長史蔡承美等來迎以五月朔日祭海登舟自是風濤浩蕩幾泊舟者數矣越十八日

至執璧山山去琉球三百里夷人曰至此始可無虞矣遂泊焉頃之尚清遣法司官具羊酒菜果等物來迎言天使遠臨世子不勝忻痛聞風伯爲從者驚敬遣小臣奉迓侃等以其詞雅受之踰旬日方抵其國先頒祭禮畢至七月二日乃頒册封詔勑尚清冠服之餙跪拜之儀悉如中國蓋其先期習之熟也其宴使者禮甚恭仍用金鼓笙簫樂凡烹調之味皆假使者庖人惟奉餞則出自宮嬪親製以表獻芹之意者精潔芳旨但不過數十品而已侃等以九月十三日回舟王及陪臣送至江滸無不相泣重別者行數日颶

風驟作桅折舵壞舟人失色但呼天妃求救頃之有紅光燭天舟人曰天妃至矣舟果得安至二十六日忽一蝶飛繞舟中復有一黃雀立於桅上時舟人有識者曰蝶雀神類天妃遣來告我風也宜舍自防是夕果大風作浪濤驚天舟漏齊呼天妃尋有蝶數萬銜泥塞舟舟復得安次日遇順颷舟行如飛又次日遂行至定海泊焉出使外國者惟琉球最險而其神亦最靈故詳録之春幾尚清上表貢獻言大明一統志中所載琉球有落漈及聚髑髏事皆非實杜氏通典集事淵海贏蟲録星槎勝覽所述亦傳者之妄乞下史館從之落漈者琉球

者也其水最險舟到彭湖遇颶風作漂至落漈回者百無一二聚髑髏者言其國王所居壁下多聚死人枯骨以爲佳而民間門戶上亦安獸頭骨角此言出自寰宇記諸書而隋史北史亦載之故其國欲改去云其地居海島中多山洞國有四五帥統諸洞洞有小王往往有村村有鳥了帥竝以善戰者爲之各理一村之事其初國俗以盈虛爲晦朔以草木爲冬夏人皆去髭鬚手羽冠毛衣無禮節好剽掠自相攻擊鬭死者收取聚食之仍以髑髏獻至王所王則賜之以冠便爲隊帥犯罪者輕則用杖重則縄縛以大鐵

錐鑽頂而殺之人亦氣將絕時舉至庭浴其屍纏以
布帛裹以葦草襯土而殯其南境有人亦邑里共食
之者男女相悅爲婚婦人產子必食子衣年老者髮
多不白事山海之神祭以酒肴鬬戰殺人即以其人
祭神此皆其未通中國時俗也迨今遣人入國學東
習稍變有華風焉凡司刑法錢谷等官皆土人爲武
職其大夫長史通事官司朝貢爲文職皆三十六姓
人及學於國學者爲之信鬼神女巫最尊女巫之魁
曰女君白日呼嘯聚輒數百人攜枝戴艸騎步縱橫
時入王宮藪遊狎戲一唱百和音聲悽慘倏忽往來

矯誣禍福王及世子陪臣皆頓首拜跪云國人不軌
神即夜以告王昔倭奴有欲謀害中山王者神即禁
錮其舟水變爲鹽米變爲沙寇尋就戮惟其守護斯
土故國中敬且憚之第未嘗殺人而祭之也王居山
巔宮殿朴素亦未聞聚髏事富貴家稍有瓦屋餘皆
茅茨地不產鐵故以螺殼爨炊無釜耕無鋤人皆耐
饑渴勞苦寒暑不能侵亦無殘疾疲癃者不知醫藥
而亦不夭札不生疾疫蓋其薄滋味寡嗜慾之驗也
男子結髻用五色布纏頭以辨貴賤女人上衣外更
加幅布如帷見人則取以蔽面下用細帽長裙以覆

其足無去髮毛衣羽冠之飾亦無產子必食子衣之事也賦法略如井田王及臣民各分土為祿食無征稅國有事然後取之此皆近日風俗得王化之漸陶者第刑嚴峻盜竊即刵劓人皆驍健便悉善射鄰國視為勍敵然好爭狠鬬輒刃殺人度不能脫即剖腹自斃其譯語天為甸尼地為只尼日為非祿月為都及其山川黿鼊嶼古米山最險損舟彭胡島近福泉漳興四郡界天晴望之若烟霧中其國旁有沙華公國肆行劫掠商舶漂至則擒人燒食之又有小琉球亦近泉州霽日登鼓山可望而見其人麤俗少入中國其產無牛羊驢馬惟鬬

鏤樹以橘條細可織木皮布緝木皮爲布濶三尺餘金荆檑可爲几枕勝於沈香

雖入貢時或有諸物皆自他國貿易來者非本國所產也

論曰琉球僻居海島雄視東南自以爲鳩巢之固也屑是歷代以來不褻朝貢隋元臨之以兵卒不奉命至我 國家向化獻琛胄子就學其殆可以德綏來可以威劫者耶俗本夷也今變華風其漸染深矣語云夷進中國則中國之余謂琉球有焉

咸賓錄東夷志卷之二終

錢世傑書

鄒邦榮刻